Friedrich Lippmann

Der italienische Holzschnitt im XV. Jahrhundert

Friedrich Lippmann

Der italienische Holzschnitt im XV. Jahrhundert

ISBN/EAN: 9783742882592

Hergestellt in Europa, USA, Kanada, Australien, Japan

Cover: Foto ©Thomas Meinert / pixelio.de

Manufactured and distributed by brebook publishing software (www.brebook.com)

Friedrich Lippmann

Der italienische Holzschnitt im XV. Jahrhundert

DER ITALIENISCHE HOLZSCHNITT
IM
XV. JAHRHUNDERT

Die Stellung, welche Kupferstich und Holzschnitt im fünfzehnten und sechszehnten Jahrhundert in Italien einnehmen, unterscheidet sich wesentlich von der Rolle, welche die vervielfältigenden Künste in den Ländern diesseits der Alpen in jener Epoche spielen. Als die Buchdruckerkunst um die Mitte des fünfzehnten Jahrhunderts in Deutschland auftauchte, war der Holzschnitt daselbst schon seit langer Zeit eingebürgert und hatte als populäres Mittel der bildlichen Darstellung allgemeine Verbreitung gefunden. Von der Versinnlichung der Bibel und der heiligen Geschichte bis zu den profanen Themen des gemeinen Lebens, bis zu Schwänken und Possen herab waren alle Gegenstände in seinen Kreis gezogen. Im Holzschnitt fand die neue Kunst des Bücherdruckes einen Hilfsgenossen ihrer Popularisirung, der schon überall heimisch war und längst das Bürgerrecht erlangt hatte. Er bildete in Deutschland und den Niederlanden eines der wesentlichsten Mittel religiöser Belehrung für die grosse Menge. Für die, welche nicht lesen konnten, war die Abbildung ein Ersatz des geschriebenen Wortes, und fast für Alle war das Bild eine unentbehrliche Unterstützung des Verständnisses der heiligen Geschichten.

Dass die Bilder die Bücher der Ungelehrten sind, ist ein Grundsatz, den wir in vielen Variationen fortwährend bei deutschen und niederdeutschen Predigern und geistlichen Lehrern ausgesprochen finden. Die „Brüder vom gemeinsamen Leben" in Agnetenberg bei Zwolle finden einen Haupttheil ihrer Thätigkeit in der Verbreitung der christlichen Lehre durch die Anschauung bildlicher Darstellungen der biblischen Vorgänge. Die volksthümliche Abbildung ist im Norden eines der vorzüglichsten Wirkungsmittel der reformatorischen Bewegung, und wird noch in der zweiten Hälfte des sechzehnten Jahrhundert von Trägern der Reformation in diesem Sinne anerkannt.

Den volksthümlichen Holzschnitt besass aber Italien in der Frühzeit des fünfzehnten Jahrhunderts fast gar nicht, und auch später nur in beschränktem Masse. Die unbehülflich geschnittenen, schlecht gedruckten und roh bemalten Heiligenbilder, die in Deutschland in jenem Zeitraum auf Märkten und an den Kirchthüren allerwegen feilgeboten wurden, waren in Italien nicht gangbar. Nur in Oberitalien, wo sich deutscher Einfluss immer etwas geltend machte, scheint die Erzeugung gedruckter für das Volk bestimmter Holzschnittbilder vor dem Ende des Jahrhunderts in einigermassen bedeutenderem Umfange betrieben worden zu sein.

Das Gewerbe der Briefdrucker und Briefmaler, welches sich in Deutschland professionsmässig mit der Fabrikation der Bilderwaare befasste, kommt in Italien nicht vor. Wir kennen ferner kein xylographisches Bilderbuch aus dem fünfzehnten Jahrhundert von italienischem Ursprung, blos ein einziges aus dem Anfange des sechszehnten, während in Deutschland und in den Niederlanden die Blockbücher und ihre verschiedenen Ausgaben fast eine ganze Volksliteratur darstellen und ihre Zahl schon vor der Erfindung Gutenbergs unzweifelhaft eine sehr bedeutende war.

Der Grund dieser bemerkenswerten kulturgeschichtlichen Thatsache ist sicherlich nicht allein darin zu suchen, dass man in Italien die Technik der Xylographie wenig kannte. Wäre das Bedürfniss nach ihr in gleichem Umfange vorhanden gewesen wie in Deutschland, so hätten die Italiener sich der Holzschneidekunst mit derselben Geschicklichkeit und Gewandtheit bemächtigt, mit der sie sich die beiden andern ebenfalls von Deutschland entliehenen Künste, die Kupferstecherei und den Bücherdruck aneigneten. Die Ursache lag vielmehr darin, dass die grossräumige Malerei der Versinnlichung der religiösen Vorstellungen in Italien in weit ausgiebigerer Weise entgegenkam als in Deutschland, und dass die Art des religiösen Gefühles, vermöge dessen der Deutsche das Heiligenbild mit sich in seine Behausung nehmen wollte, bei dem Italiener eine andere war. Auch die der Reformation vorangehende der Verbreitung der Andachtsbilder so förderliche religiöse Bewegung, fehlte in Italien. Wo aber hier eine ähnliche allgemeine Erregung der Massen erfasst, wie bei dem Auftreten Savonarola's in Florenz im Anfange der neunziger Jahre des fünfzehnten Jahrhunderts, da wird der Holzschnitt als wirksame Unterstützung der gesprochenen und gedruckten Worte alsbald zu Hilfe genommen, und in unzähligen Ausgaben und Tausenden von Exemplaren gehen die mit Holzschnitten illustrierten Predigten des Ferrareser Mönches unter das Volk.

Zur Zeit des Eindringens der Buchdruckerkunst in Italien standen Bücherschreiberei und Malerei in hoher Blüte, und noch lange Zeit blieben sie neben der immer energischer sich entfaltenden Thätigkeit der Druckpressen in Ansehen. Aber auch die Büchermalerei unterscheidet sich in der Art, wie sie in Italien aufgefasst und geübt wurde, vielfach von der Weise ihres Betriebes im Norden. Während im Norden die Bilder in die Handschriften vornehmlich in der Absicht eingefügt wurden, die Verdeutlichung und Versinnlichung des Textes zu unterstützen, oder wenigstens eine naive Bilderlust zu befriedigen, die auch mit grober, flüchtig angepinselter Federzeichnung vorlieb nahm, wurden in Italien die Miniaturen doch immer mehr als rein künstlerische Zier aufgefasst und hatten einen gebildeten und oft raffinierten Kunstgeschmack zu befriedigen. Freilich wurden in den Niederlanden und auch im oberen Deutschland viele Handschriften mit Miniaturen von hoher Feinheit und Vollendung gefertigt. Sie waren für die Reichen und Vornehmen bestimmt; daneben steht aber eine Massenproduktion von roh ausgemalten billigen Papierhandschriften, wie sie gegen den Ausgang des Mittelalters in Deutschland blühte. Ihre Erbschaft tritt bei uns die Buchdruckerei sofort mit leichter Mühe an, während die italienischen Drucker danach streben mussten, an der Stelle der künstlerischen Bücherschreiberei und Büchermalerei in ebenfalls künstlerisch verfeinerter Weise die Seiten ihrer Bücher zu gestalten. Wollte man den Unterschied zwischen der deutschen und italienischen Illustration im Allgemeinen charakterisieren, so könnte man sagen, dass die Illustration in Deutschland aus dem Bedürfniss und der Lust am verdeutlichenden Bilde, in Italien aus dem Verlangen nach künstlerischer Zier sich entwickelt hat, und dass sie daher hier vorwiegend instruktiven, dort wesentlich dekorativen Charakter trägt.

Wir wissen wie entschieden Manche, die am guten Althergebrachten hingen, sich gegen die Bücher „che si fanno in forme" aussprachen, Bücher die roh erschienen gegen jene, welche mit der Hand gemacht waren und den Reiz eines vornehmen und individuellen Kunstwerkes von den feinen mit subtiler Antiqua beschriebenen und zierlich minierten Pergamentblättern spiegelten. Die Schönheit der geschriebenen Bücher konnten die Drucker freilich nicht sofort erreichen. Das Einzige, was ihre Erzeugnisse vor denen der Schreiber voraushatten, war der billige Preis, der denn das beständige aber auch alleinige Thema ist, das die Lobpreiser der Typographie hervorheben. Indessen war die siegreiche Macht der neuen Erfindung gewaltig genug, um den Kampf gegen Liebhaberei und Gewöhnung am Alten für die Drucker kaum fühlbar zu machen, während von der Seite der Schreiber die Klagerufe über den Untergang ihres Handwerkes mit hoffnungsloser Resignation ertönen.

Die Geschicklichkeit und Kunstfertigkeit der italienischen Bücherschreiber hatte eine äusserst günstige Einwirkung auf die Ausbildung der Typographie selbst. Die fremden eingewanderten Buchdrucker mussten vor Allem bedacht sein, den Gewohnheiten der Bücherkäufer entgegenzukommen. Sie machten vorerst gar nicht den Versuch, ihre heimischen gothischen Buchstabenformen nach dem Süden zu verpflanzen, sondern bildeten eine runde lateinische, der üblichen Bücherschrift möglichst ähnliche Type. In dem ersten (erhaltenen) in Italien zu Subiaco gedruckten Buche dem „Lactanz" von 1465 treten Sweynheim und Pannartz sofort mit einer lateinischen Druckschrift auf. Diese zeigt wohl noch genug gotisierende Anklänge, aber schon im Anfange der siebziger Jahre vervollkommnet Nicolaus Jenson in Venedig die italienische Buchstabenform zu einer klassisch zu nennenden Feinheit. Selbst die berühmte Nachfolgerin Jensons, die Aldinische Druckerei, vermag ihn in dieser Hinsicht kaum zu übertreffen.

In der Buchdruckerkunst wiederholt sich eine merkwürdige kunstgeschichtliche Erscheinung, die unser Staunen auch bei dem Aufkommen der neueren Malerei, bei dem Van Eycks erregt, nämlich dass die Gediegenheit der Technik, welche den ersten grossen Meistern einer neuen Kunst eigen ist, fast von keinem Späteren wieder in ganz gleichem Masse erreicht wird. Wie ein Druckwerk von der Pracht und Vollendung des Fust und Schöffer'schen Psalters von 1459 nahezu einzig und in Deutschland wie anderwärts unübertroffen geblieben ist, so geht es auch mit der Schönheit der Erzeugnisse der italienischen Pressen von Jenson an, fast nur abwärts. Die Männer, die auf selbstgebildeter und selbstdurchdachter Erfahrung fussend, eine neue Weise erfinden und ausüben, drücken ihren Arbeiten den Stempel einer in sich abgeschlossenen Vollkommenheit auf, welche von Jenen nicht mehr erreicht wird, welche, nachher kommend, eine schon vorhandene Technik fertig übernehmen und nur weiter betreiben.

War es schon nicht leicht der Kunstfertigkeit der italienischen Schreiber mit der Type und Buchdruckerpresse Ebenbürtiges entgegenzusetzen, so mussten die Drucker vollends darauf verzichten, mit ihren Mitteln leisten zu wollen, was der Pracht und dem Glanze der Miniaturen eines Antonio da Monza oder Gherardo vergleichbar gewesen wäre.

Nur langsam und allmälig konnte die Holzschneidekunst überhaupt zur künstlerischen Ausdruckskraft hindurchdringen, und auch nachdem dieser Standpunkt erreicht ist, muss das, was die Xylographie zur Bücherausstattung beizutragen vermag, von einem andern Prinzipe aus erfasst und durchgebildet werden als von dem der Miniaturmalerei. Sobald aber die dem Holzschnitte innewohnende Gestaltungsfähigkeit erkannt wird, finden auch die italienischen Zeichner und Xylographen ihre selbstständige Stilform, welche wenigstens während des fünfzehnten Jahrhunderts sich von der deutschen Weise wesentlich unterscheidet.

Ueberblicken wir die Leistungen der Holzschneidekunst in Italien im Laufe des fünfzehnten Jahrhunderts, so ergeben sich einige Gruppen von mehr oder minder abgeschlossenem Charakter. Die eine, der Zahl der Werke nach kleinste Gruppe, umfasst die primitiven Holzschnittarbeiten, welche in den Offizinen von Rom und Neapel von eingewanderten deutschen Druckern selbst oder für sie gefertigt wurden. Eine zweite ziemlich scharf begrenzte Gruppe bildet die florentiner Xylographie, die sich in der kurzen Epoche, etwa von 1490 bis ungefähr 1508, in besonderer höchst anziehender Eigenart entwickelt. Die dritte, grösste und vielgestaltigste Gruppe bildet der oberitalienische Holzschnitt. Der Charakter der oberitalienischen Xylographie wird im allgemeinen durch den Typus der venezianischen und Mantegna'schen Schule bestimmt. Namentlich in Venedig entfaltet sich der Holzschnitt zu eminenter technischer und künstlerischer Vollkommenheit. Diese letzte Stufe wird nicht mehr innerhalb der Kunst des Quattrocento erreicht, sondern hier nur angebahnt; und die letzte Ausgestaltung des venezianischen Holzschnittes findet vorwiegend im sechzehnten Jahrhundert statt. Hier wo wir den Holzschnitt im italienischen Quattrocento schildern wollen, werden wir uns daher mit der späteren Ausbildung der venezianischen Holzschneiderei nicht zu beschäftigen haben.

Die verschiedenen Gruppen der xylographischen Kunstweise gehen der Zeitfolge nach neben einander her, doch müssen wir sie der Uebersicht halber trennen und jede für sich behandeln.

Der Zusammenhang der italienischen Holzschneidekunst dieser Epoche mit den gleichzeitig bestehenden Kunstschulen der Malerei ist nur in den grossen Zügen vorhanden und nur selten gelangen ihre besonderen Eigentümlichkeiten auch im Holzschnitt zum Ausdruck. Selbst die italienische Kupferstecherei lässt in der Regel unmittelbarer und klarer ihr Verhältniss zu den lokalen Malerschulen erkennen, als der Holzschnitt.

Welche Künstler oder welche Gattung von Künstlern waren aber jene Zeichner für den Holzschnitt? Diese Frage ist auf Grund von Nachrichten oder Bezeichnungen auf den Werken nicht zu beantworten. Die tonangebenden grossen Meister der Malerei haben wahrscheinlich nur in den seltensten Fällen und gerade so wenig Zeichnungen für die Holzschnitt-Illustration geliefert, als sie Miniaturen für Bücher malten. Mit Sicherheit deutbare Monogramme und Bezeichnungen kommen nur äusserst spärlich vor und in den Holzschnitten selbst die Hand eines bestimmten erfindenden Künstlers zu erkennen, ist in diesem Zeitraume kaum in einem einzigen Falle möglich. Wie die Miniaturen der Bücher sind auch die Holzschnitte des fünfzehnten Jahrhunderts ihrer Mehrzahl nach anonyme Werke. Wir wissen, dass die Büchermalerei von einer besonderen Klasse ausschliesslich oder doch vorwiegend diesen Zweig ausübender Maler betrieben wurde und wahrscheinlich ist mit dem Holzschnitt ähnliches der Fall gewesen. Mit den Miniaturen haben die Holzschnitte auch ein gewisses Durchschnittsmass der Kunstqualität gemeinsam, und sie verhalten sich ähnlich wie diese zum jeweiligen Standpunkt und zur Entwickelung der Malerei.

Manche von den Holzschnitt-Illustratoren haben ihren individuellen bestimmt ausgesprochenen Stil, und man kann ihre Wirksamkeit oft durch längere Zeit in den an einem Orte erscheinenden illustrierten Büchern verfolgen. Das scheinen also professionsmässige oder doch häufiger für den Holzschnitt arbeitende Zeichner gewesen zu sein. Solche treffen wir zwischen den Jahren 1490 bis etwa 1508 in Florenz und mehrfach in Venedig. Daneben tauchen Arbeiten von anderem Charakter auf, denen wir oft nur einmal und dann nicht wieder in derselben Weise begegnen, die also wohl von Künstlern herrühren, die nur gelegentlich für einen Drucker einen Auftrag ausführten. Mit den wenigen aus dem fünfzehnten Jahrhundert auf uns gekommenen italienischen Einblattdrucken verhält es sich nicht anders. Auch sie sind fast durchweg anonyme Arbeiten so gut wie die Bücherillustrationen. Es ist denkbar und nicht unwahrscheinlich, dass manche Büchermaler, denen die Buchdruckerpresse die Beschäftigung entzog, sich dem Zeichnen für den Holzschnitt zugewendet haben mögen.

Bei der Beurtheilung der Holzschnitte müssen wir uns vor Augen halten, dass sie kein selbstständiges und alleiniges Produkt der erfindenden Künstler sind wie die Malereien oder auch nur die Stiche. Neben dem Verfertiger der Vorzeichnung auf die Holzplatte, ist die Hand des den Schnitt ausführenden Xylographen von grösstem Einfluss auf die künstlerische Eigenschaft des Holzschnittes. In den ersten Anfängen unserer Kunst mögen Zeichner und Xylograph oft dieselbe Person gewesen sein, ganz gewiss hat hier aber bald eine Theilung der Arbeit stattgefunden. Die Prozeduren des Erfindens und Zeichnens der Komposition und des Schneidens der Platte sind allzuverschieden, um auf die Dauer von derselben Hand ausgeübt zu werden. Beide Verrichtungen beanspruchen ganz verschiedene technische Kenntnisse und bei einem irgend umfangreichen Betriebe musste sich die Scheidung zwischen dem Zeichner und Xylographen bald von selbst ergeben. Dabei blieben die Einzelheiten der Ausführung, selbst wenn der Zeichner seine Skizze direkt auf dem Holzstock entwarf, dem Holzschneider überlassen. Die Differenz der Schulung und der Unterschied der Kunstqualität war aber zwischen Maler oder Zeichner und dem das Schneidemesser handhabenden Xylographen in der Regel eine sehr bedeutende. Am häufigsten fielen sie wohl zu Ungunsten des Letzteren aus. Es sind unzweifelhaft oft sehr vortreffliche Vorzeichnungen gewesen, welche durch die Ungeschicklichkeit des Holzschneiders entstellt, uns als nur scheinbar mittelmässige Dinge entgegentreten. Indessen stand der Xylograph dem entwerfenden Künstler doch selbstständiger gegenüber, als dies etwa heutzutage der Fall ist, und er verändert den Charakter der Vorzeichnung oft unbedenklich und wesentlich in seiner Weise. Das genaue Nachgehen eines Künstlers oder Kunsthandwerkers in die Besonderheiten seiner Vorzeichnung oder seines Vorbildes lag wenig im Geiste jener Zeiten. Entwürfe verschiedener Künstler erhalten oft unter den Händen des Holzschneiders ein gemeinsames äusseres Gepräge, und eine fruchtbare Xylographenwerkstätte wie die des Zoan Andrea in Venedig, drückt ihre Eigenart der Holzschnittproduktion einer ganzen Epoche und Kunstschule auf.

Schon die Prototypographen Italiens, Sweynheim und Pannartz, verwenden in dem Lactanz, den sie 1465 in Subiaco fertigen, den Holzschnitt zur Herstellung einer die erste Blattseite schmückenden Einfassung. Es ist ein einfaches lineares Ornament, Bandverschlingungen auf schwarzem Grunde, offenbar der Verzierung einer mittelalterlichen Handschrift entlehnt.

Die früheste uns bekannte Anwendung des Holzschnittes zu figürlicher Darstellung treffen wir aber in Italien in den 1467 zu Rom erschienenen „Meditationes" des Kardinals Torquemada, oder wie dieser Actor gleichzeitig genannt wird, Turrecremata.[1]) Das Buch ist von einem Deutschen, Ulrich Hahn, gedruckt, der seine Offizin seit 1467 in Rom aufgeschlagen hatte, aus Ingolstadt stammt und sich als Bürger von Wien bezeichnet (ex Ingolstat. civis Viennensis). Sein Erstlingswerk sind die Meditationes.

Von den zahlreichen Holzschnitten des Buches nehmen dreiunddreissig die halbe Blattseite des mittleren Folioformates ein, einer deckt die volle Seite. Der Eingang des Textes lässt vermuthen, dass die Kompositionen dieser Darstellungen aus dem alten und neuen Testamente, in einer gewissen Beziehung zu jetzt nicht mehr vorhandenen Wandmalereien standen, welche sich ehemals, wir wissen nicht genau wo an oder in einer Vorhalle der Kirche Sta. Maria sopra Minerva befanden, und dort auf Veranlassung des Kardinals Turrecremata gemalt worden waren.[2]) Welcher Art dieser Zusammenhang der Holzschnitte mit den Malereien gewesen ist, wissen wir nicht; sicher ist aber, dass wir in den ersteren nur in geringem Masse die Herrschaft des Kunststiles zu erkennen vermögen, unter dem sie dem Orte und der Zeit nach entstanden sind. In der Art ihrer Ausführung tragen sie durchaus deutsches Gepräge. Die groben Konturen, der eckige unbehülfliche Schnitt der Gesichtstheile zeigt, wie schwer es dem Verfertiger wurde, feinere Partien der Zeichnung zu bewältigen, ganz so wie wir dies etwa auf den ältern Augsburger Druckwerken der Sorgh und Bämler antreffen. Es ist gar nicht zu zweifeln, dass diese Schnitte von deutschen Händen gemacht sind; wahrscheinlich dürfte Ulrich Hahn selbst ihr Urheber sein.

Wir wissen, dass die primitiven Buchdrucker auch alle ihnen zum Drucken nöthigen Vorrichtungen anfertigen mussten, wie es ja, so lange das Gewerbe noch neu war, kaum anders zu denken ist. So mussten sie auch ihre Typen selbst schneiden und giessen. In Deutschland konnten sie für die Ausführung der Holzschnitte das Gewerbe der Briefdrucker und Briefmaler allenfalls zu Hilfe nehmen, nicht aber in Italien, wo die Kunst des Holzschneidens vor der Einführung des Buchdrucks überhaupt nicht ausgeübt worden zu sein scheint. Sweynheim und Pannartz, die ersten Drucker auf italienischem Boden, waren, als sie zu arbeiten anfingen, genöthigt, vor allem ihre Lettern herzustellen. Aus ihrer Heimath konnten sie dieselben um so weniger mitbringen, als die Form der Buchstaben, die sie verwandten, die lateinische ist und von den damals in Deutschland üblichen ganz abweicht. Dass beispielsweise Sweynheim das Graviren und was damit zusammenhing wohl verstanden hat, beweist der von ihm begonnene Stich der Landkarten zur römischen Ausgabe des Ptolomäus von 1477. Ebenso war Nicolaus Jenson in Venedig Münzgraveur, bevor er Buchdrucker wurde. Auch Ulrich Hahn, obwohl er an Geschicklichkeit den beiden eben genannten weit nachsteht, machte ohne Zweifel erst in Rom die seiner Werkstätte eigentümlichen Typen, ehe er an den Satz der

---

[1]) Hain No. 15722. Hier wie im Folgenden werde ich für die genauere Titelangabe der angeführten Drucke in der Regel nur auf die Nummer verweisen, unter welcher die betreffende Ausgabe in Hains Repertorium Bibliographicum, Stuttgart 1826—38, 4 Bände 8°, aufgeführt ist.

[2]) Es heisst gleich Anfangs: „Meditationes Reuerendissimi patris domini Johannis de Turrecremata . . . posite et dipicte de ipsius mandato in ecclesie ambitu Sancte marie de minerva Rome".

„Meditationes" geben konnte. Und so gut wie die Lettern musste er wohl auch die Holzschnitte für sein Buch selbst herstellen. In Rom hat er sicherlich keinen Xylographen vorgefunden, möglicher Weise höchstens Gehülfen, die sich auf diese Arbeit verstanden, aus Deutschland mitgebracht. Der Umstand, dass die Illustrationen zu den „Meditationes" die einzigen bleiben die aus der Werkstatt des Hahn hervorgehen, scheint mir übrigens dafür zu sprechen, dass er sie eigenhändig angefertigt haben mag, indem er später bei der Ausdehnung und dem wachsenden Betriebe seiner Druckerei keine Gelegenheit zu so zeitraubender Beschäftigung, wie die Xylographie es ist, gefunden haben wird. Wie dem nun auch sein mag, die Illustrationen des Turrecremata sind in jedem Falle deutsches Produkt auf römischem Boden.

So gut wie die Formen der Buchstaben, welche die deutschen Drucker in Italien anfertigen, dringt auch in die Darstellungsweise dieser primitiven deutsch-italienischen Holzschnitte unvermerkt ein Zusatz der Kunstart des Landes. Verglichen mit den ungefähr auf demselben künstlerischen Niveau stehenden deutschen Holzschnitten dieser Art und von so kunstloser Ausführung sie auch sind, den Illustrationen des Turrecremata wird man den Vorzug einer gewissen klaren und wohl angeordneten Komposition ertheilen können. Insofern wenigstens scheint sich der Einfluss der Vorbilder, nach denen die Holzschnitte waren, geltend zu machen, wenn auch die Schnitte vielleicht nur einzelne Motive aus jenen Malereien in Sta. Maria sopra Minerva enthalten.

Die Holzschnitte der ersten kehren in den spätern Ausgaben der „Meditationes" wieder, welche Ulrich Hahn mit seinem neu hinzutretenden Geschäftsgenossen Simon de Luca 1478 und weiterhin 1490 mit Stephan Planck herausgiebt. Ebenso in der von dem letzterem 1498 allein veranstalteten Ausgabe. Inzwischen hatte schon 1479 der in Foligno arbeitende Johannes Numeister den Turrecremata, mit andern Holzschnitten illustrirt, im Drucke herausgegeben. Von diesen werden wir noch weiterhin sprechen.

Ueber den primitiven rein handwerklichen Standpunkt scheinen die in Rom thätigen Xylographen zunächst nicht hinauszukommen. Um diese Zeit, in den sechsziger und siebziger Jahren und auch noch später, erscheinen dort viele Ausgaben eines kleinen Buches, der „Mirabilia Romae", eine Art Führer für die Pilger, welche die Heiligthümer der Stadt besuchen. Die Bilder darin sind durchweg rohe Arbeiten, entsprechend der billigen Bücherwaare, zu deren Illustration sie dienen. Es giebt davon Ausgaben verschiedener Drucker, Stephan Planck, Eucharius Silber und anderer, und auch eine wahrscheinlich in Deutschland gefertigte Ausgabe mit xylographischem Text; künstlerisches Interesse bietet keine von allen.

Im Jahre 1481 treten in Rom wiederum zwei deutsche Drucker auf, Sixtus und Gregorius „Alemanos", die sich wie früher Ulrich Hahn mit der Anfertigung von Holzschnitten beschäftigt zu haben scheinen, ohne darin eine viel höhere Fertigkeit zu besitzen als ihr Vorgänger. Die „Chiromantie", welche Sixtus und Gregor in dem genannten Jahre erscheinen lassen, kommt mit ihren schematischen Abbildungen der verschiedenen Formen der Innenfläche der Hände, die sie mit den vielen, denselben Gegenstand behandelnden übrigen Büchern des fünfzehnten Jahrhunderts gemeinsam hat, für uns nicht in Betracht. Wahrscheinlich dürfen wir es aber der Anwesenheit und Beihülfe der beiden mit der Technik des Holzschneidens vertrauten Deutschen zuschreiben, dass zwischen den Jahren 1481 bis 1483 unter der Zahl der Druckwerke auch einige illustrirte in Rom erscheinen. Johannes Philippus de Lignamine, Arzt und vielseitiger Schriftsteller, ein vertrauter Freund des

Kardinals Francesco de Rovere, des nachmaligen Papstes Sixtus IV., widmet seine Thätigkeit der neuen Kunst des Buchdruckens, mehr in der Weise eines Liebhaber-Druckers als auf eigentlichen Erwerb ausgehend. „... sumsique laborem hujusmodi et industriam non illaudabilem apud me neque apud posteros inutilem ut mea opera atque ingenio libri elegantes imprimerentur" sagt er von sich selbst.[1]

Neben der Vervollkommnung der lateinischen Type, die Lignamine in geschmackvollerer Form, als sie sonst in Rom gemacht wurde, bildet, geht er auch darauf aus, seine Ausgaben, meist Bücher von kleinem Formate und geringem Umfange mit Holzschnitten auszustatten, freilich nicht mit besonderem Erfolg. Die 1481 von ihm gedruckten „Opuscula" des Philippus de Barberiis[2]) zeigen vierundzwanzig die Seiten des Octavformates einnehmende Figuren von Propheten und Sybillen von offenbar guter Vorzeichnung eines italienischen Künstlers, doch eckig und in plumpen Konturen geschnitten. Noch geringer sind die Pflanzenabbildungen in dem ebenfalls von Lignamine gedruckten „Herbarium Apuleji Platonici"[3]) die man ihrer derben Linien halber für Metallschnitte gehalten hat.[4]) Das Buch ist nicht datiert, die Zeit des Erscheinens ergiebt sich aber aus der Dedikation an den Kardinal Francesco Gonzaga, der 1483 starb. Diese wenig künsterischen Leistungen auf dem Gebiete des Holzschnittes scheinen Lignamine denn doch nicht befriedigt zu haben. Für eine andere zwar undatierte aber offenbar spätere Ausgabe der genannten Opuscula des Ph. de Barberiis[5]) hat er sich bereits Xylographen zu verschaffen gewusst, welche ihre Kunst mit weitaus bedeutenderer Sicherheit handhaben. Die Sybillen und Prophetengestalten sind hier gut gezeichnet und gut proportioniert, in freier Stellung in architektonischen Umrahmungen mit ausgebildeten Renaissanceformen untergebracht. Als den Urheber der Vorzeichnung könnte man an einen Künstler der Richtung des Ghirlandajo denken.

Das letzte uns bekannte römische Holzschnittbuch dieser Epoche stammt aus dem Jahre 1494 und ist die kleine Schrift eines deutschen Mönches Thomas Ochsenbrunner, betitelt: Priscorum Heroum Stemmata.[6]) Es ist eine Art Uebersicht der Geschichte Roms in kurzen Lebensbeschreibungen der vorzüglichsten Helden des römischen Reiches. Zierlich gezeichnete und feingeschnittene Bordüren von gothischem Rankenwerk mit Spruchbändern und Tiergestalten schmücken die Seiten und bei jeder Biographie sieht ein phantastisches Porträt des antiken Helden in mittelalterlicher Rittertracht. Deutsche Gotik des fünfzehnten Jahrhunderts herrscht überall vor und das Ganze trägt so durchaus das Gepräge deutscher Weise, dass man den Ursprung des Büchleins, wäre nicht die Schlussschrift da, unstreitig eher in Strassburg oder Mainz als in Rom suchen würde. Wie der Verfasser so waren auch die Drucker (Johannes Besicken und Sigismund Mayr) und zweifelsohne auch der Zeichner und Schneider der Bilder, in Rom eingewanderte Deutsche.

Bevor wir uns von dem sporadischen Betriebe der Xylographie, wie er in Rom

---

[1]) Vorrede zu den Opuscula des Ph. de Barberiis. Vergl. Auddifredi. Specim. Editionum Romano rum Saec. XV p. 112.
[2]) Hain No. 2455.
[3]) Hain No. 1322.
[4]) Vergl. Weigel: Die Anfänge der Druckerkunst I. No. 63. Lippmann: „Die Anfänge der Formschneidekunst" im Repert. für Kunstwissenschaft I S. 230.
[5]) Hain No. 2453.
[6]) Hain No. 11934.

zu Tage kommt. Jen eine mehr abgeschlossene Entwickelung bietenden nördlichern Kunstgebieten zuwenden, haben wir noch eine andere vereinzelte merkwürdige

Die Fabel vom Kapaun und Habicht. Aus dem Aesop des Tuppo, Neapel 1485.

Erscheinung der deutsch-italienischen Xylographie kennen zu lernen, die in den achtziger Jahren in Neapel zu Tage kommt.

Franziscus de Tuppo, ein Rechtsgelehrter von äusserst fruchtbarer literarischer

Thätigkeit, „Regis Ferdinandi Scriba", wie er zeichnet, nahm lebhaften Antheil an dem verhältnissmässig bedeutenden Aufschwunge der Buchdruckerkunst in Neapel. Nach dem um 1481 erfolgten Weggange des Sixtus Riessinger aus dieser Stadt — Riessinger hatte den Buchdruck dort eingeführt und seit 1471 ausgeübt — scheint Tuppo die Offizin übernommen und weiter betrieben zu haben. Er wird zwar nirgends ausdrücklich als Drucker bezeichnet, doch mag er etwa das gewesen sein, was wir heute einen Druckereibesitzer nennen. Von den Produktionen seiner Druckerei interessiert uns hier nur eine Ausgabe der sogenannten Fabeln des Aesop, die Tuppo im Jahre 1485 veranstaltete.¹) Die Uebertragung dieser Fabeln in das Italienische ist, wie er im Schlussworte sagt „materno sermone fidelissima", daneben laufen weitschweifige moralisierende und politische Excurse. Der schön gedruckte Folioband ist mit siebenundachtzig grossen Holzschnitten geziert, von denen dreiundzwanzig die „Lebensgeschichte" des Aesop, die übrigen je eine der Fabeln illustrieren. Ihre Behandlungsweise zeigt hervorstechende Eigenthümlichkeiten. Die Figuren, namentlich die Tiere sind lebendig gezeichnet und gut bewegt, die Menschen von sehr drastischem Ausdruck in ihren grossen Köpfen, die Umrisse bestimmt und scharf markiert, die Formen und die Abtönung der Gründe mit vielem Verständniss gegeben. Die Holzschnitte haben ein an die primitiven deutschen Kupferstiche gemahnendes Aussehen. Jede Darstellung ist von einer reichen Einfassung umgeben, die aus angesetzten Rahmenstücken besteht und sich bei den einzelnen Illustrationen vielfach wiederholt. Oben in einem Halbbogen sind in weiss auf schwarzem Grund Ornamente von sicilianisch-orientalischem Geschmack, dazwischen in sehr prägnanter Ausführung Thaten des Herkules dargestellt. Eine die ganze Blattseite umfassende ähnliche Bordüre mit Engelsfiguren zwischen Rankenwerk schmückt das erste Blatt der die „Fabeln" enthaltenden Abteilung des Buches.²)

Das fremdartige Gepräge welches der Stil der Darstellungen, ganz besonders aber der der Einfassung zeigt, scheint das Resultat einer Mischung verschiedener Kunstelemente zu sein. Möglicher Weise dürften für die Illustrationen Miniaturen einer alten illustrierten Handschrift, vielleicht sicilianischen Ursprunges als Vorbild gedient haben, deren Illustrationen dann von in Neapel arbeitenden deutschen Zeichnern und Holzschneidern in ihrer Art aufgefasst und umgestaltet worden sind. Mit keinerlei italienischen Holzschnittillustrationen der Epoche haben diese Schnitte Verwandtschaft, ihre Ausführungsweise erinnert vielmehr an die Holzschnitte der Strassburger Schule, die bestimmte Derbheit im Ausdrucke der Köpfe und die namentlich in den Illustrationen zum „Leben des Aesop" vorherrschende, so zu sagen wellige Konturierung der Körperformen gemahnt an die Kunstrichtung des Kupferstechers und der deutschen Stecherschule, die man unter dem Namen des Meisters „E. S. 1466" zusammen zu fassen pflegt. Von der technischen Seite betrachtet nehmen die Schnitte eine für ihre Zeit höchst bedeutende Stufe ein. Die Strichführung ist klar und sicher, nirgends zeigen sich jene Unbeholfenheiten, die bis zum Anfange der neunziger Jahre den meisten Holzschnitten anhaften.

Die Illustrationen im Aesop des Tuppo lassen kaum eine andere Annahme zu, als in ihnen das Werk deutscher, etwa in der Strassburger Schule gebildeter Xylo-

¹) Hain No. 353.
²) Diese Ornamentenbordüre findet sich ausserdem auch verwendet in der hebräischen Bibelausgabe der Druckerei der sog. Hebraei Soncinates, Neapel 1488. Facsimile der Bordüre bei R. Fischer: A Catalogue of a collection of Engravings etc. London 1879. 8°.

graphen zu vermuten. Dies ist um so zulässiger, als es damals in Neapel an deutschen Arbeitern des Druckergewerbes nicht gefehlt hat. Zwischen den Jahren 1475 bis 1481 ist daselbst ein geschickter Drucker Matthias von Olmütz (Matthias Moravus de Olomuntz) thätig. Neben seiner eigenen neuen und geschmackvollen lateinischen Type wendet er mehrfach verzierte Initialen in den von ihm gedruckten Büchern an. Von manchen Bibliographen wird auch der Aesop des Tuppo als ein Erzeugniss der Werkstätte des Matthias angesehen. Vermöge einer weitgehenden Konjectur, die wir nicht machen, sondern nur andeuten wollen, könnte man an einen Zusammenhang des Matthias mit seinem Landsmann, dem Kupferstecher Wenzel von Olmütz, der entschieden unter dem Einflusse des Schongauer steht, und an eine gemeinsame künstlerische Herkunft beider denken. Zu solchen Schlüssen aber fehlt uns zur Zeit jedwede sichere Grundlage, sogar die, ob der „Aesop" wirklich aus der Offizin des Matthias hervorgegangen ist. Mit Bestimmtheit wissen wir nur von der Anwesenheit dieses letzteren in Neapel zu jener Zeit.

Der Aesop des Tuppo scheint als Illustrationswerk einen gewissen Erfolg gehabt zu haben. Wenigstens lässt sich dies aus einem Nachdrucke vermuthen, welcher mit originalgrossen Kopien der Holzschnitte im Jahre 1493 in der Stadt Aquila im Neapolitanischen herauskommt.[1]) Diese Kopien sind mit Sorgfalt und mit ziemlicher technischer Gewandtheit ausgeführt, namentlich in den Ornamenten der Einfassungen gelungen. Von der scharf accentuierten Zeichnung der Originale hat sich in dieselben jedoch nur wenig übertragen.

Eine eigenartige Ausbildung findet der Holzschnitt von den neunziger Jahren des XV. Jahrhunderts an in Florenz. Die Zahl der einschlägigen Werke bleibt zwar verhältnissmässig nur gering, und von den bekannten Grössen der Malerei, welche während dieser Epoche in der Arnostadt thätig waren, scheint sich, soviel wir heute wissen, keiner mit dem Holzschnitt näher befasst zu haben; doch genügte schon die Inspiration der mächtigen Schule, um der in Florenz aufkommenden Xylographie eine bedeutende Selbständigkeit zu verleihen und eine Reihe überaus anziehender Leistungen hervorzubringen.

In ihrem specifischen Charakter unterscheiden sich die florentiner Holzschnitte sehr scharf sowohl von den primitiven deutsch-italienischen, die wir schon kennen gelernt haben, als auch von den Erzeugnissen der Holzschneidekunst, die sich in Venedig und Oberitalien entwickelte. Die Illustrationen der Bücher machen den Haupttheil der für uns in Betracht kommenden Werke aus, wenigstens den Haupttheil jener, deren Entstehung wir mit Sicherheit nach Florenz setzen dürfen. Es sind meistens kleine, vignettenartige Bildchen von festem Schnitt der vorwiegend in Umrissen gegebenen Zeichnung, die Schatten sehr dunkel gehalten und vielfach durch eine weitgehende Anwendung stehen gelassener, im Drucke schwarz wirkender Flächen des Holzstockes erzielt. In diese Schattenpartien sind dann, fast nach Art der Schrotblätter, Einzelheiten des Terrains und der Gründe weiss eingeschnitten, eine Technik, durch die sich eine ausserordentlich kräftige Wirkung erzielen lässt. Diese besondere

---

[1]) Hain 355. Gedruckt von Eusanius de Stella, Civis Aquilanus, wie er sich in der Schlussschrift nennt.

Behandlungsweise kommt ausser in Florenz fast nirgend wieder in gleicher Art vor. Man wird zu der Annahme geführt, dass sie einer in dieser Stadt arbeitenden Xylographenwerkstätte eigentümlich war und über diese hinaus wenig Verbreitung gefunden hat. Die verhältnissmässig geringe Zahl der florentiner Holzschnitte lässt es zudem immerhin möglich erscheinen, dass hier kaum mehr als eine grössere Werkstätte thätig gewesen ist. Bis etwa 1491 muss es an Künstlern, welche derartige Arbeiten in einer dem Sinn und Geschmack der Herausgeber entsprechenden Weise anzufertigen verstanden, überhaupt gefehlt haben. Das Bedürfniss, Illustrationen in den gedruckten Büchern anzubringen, war aber unzweifelhaft schon vorher vorhanden.

Die Buchdruckerkunst wurde in Florenz 1471 durch Bernardo Cennini, einen Metallarbeiter und ehemaligen Gehülfen des Ghiberti, eingeführt, und obwohl in den siebziger und achtziger Jahren weit über hundert Druckwerke daselbst herauskamen, — die Zahl der bekannten datierten beträgt in diesem Zeitraum allein etwa 110 — so scheint doch keines mit Holzschnitten ausgestattet zu sein. Ohne Zweifel weil Niemand mit ihrer Herstellung vertraut war, denn man griff in einzelnen Fällen, wo doch Illustrationen im Text angebracht werden sollten, zu dem höchst umständlichen Verfahren gestochene Kupferplatten in die mit der typographischen Presse fertig gestellten Bogen einzudrucken. Das war damals wie heute eine komplizierte Sache, denn der Bogen musste zweimal durch die Presse, einmal durch die Walzen-(Kupferdruck-) und dann durch die Typenpresse. Auf diese Art sind die Bilder in dem ersten in Florenz herausgekommenen gedruckten illustrierten Buche, dem „Monte Santo di Dio"[1] hergestellt. Es wurde 1477 von einem Deutschen, Nicolaus Lorenz, gedruckt, der sich auch Nicolo Tedesco oder Nicolo di Lorenzo dellamagna schreibt. In der Schlussschrift eines andern von ihm gedruckten Buches bezeichnet sich unser Landsmann als aus der Diöcese Breslau stammend: Impressum est hoc opus per me Nicholam Diöcesis Vratislaviensis. Der „Monte Santo di Dio" enthält drei in den Text eingedruckte Kupferstiche, von denen zwei fast die ganze Kleinfolioseite bedecken. Man hat sie dem Baccio Baldini zugeschrieben. Einige Zeit später wagt sich Nicolaus Lorenz noch an ein weit grösseres Unternehmen dieser Art, nämlich an eine mit achtzehn Kupferstichen illustrierte Ausgabe von Dante's Göttlicher Komödie.

Auf eine Nachricht bei Vasari hin (Vas. IX pag. 258) werden diese Stiche zum Dante dem Sandro Botticelli in Gemeinschaft mit Baccio Baldini zugeschrieben, wobei allerdings der Anteil, den jeder der beiden Künstler an der Ausführung hatte, unklar bleibt. Vasari sagt von Botticelli, dass er das Inferno des Dante in Druck ausgehen liess und damit „viel Zeit verlor" (V. p. 118), und von Baldini an der vorhin citierten Stelle, dass er den Dante illustrierte und „Alles, was er machte, nach der Zeichnung und Erfindung des Botticelli fertigte".

Für den Gegenstand, der uns hier beschäftigt, ist vornehmlich der Umstand von Interesse, dass die ersten illustrierten florentiner Druckwerke aus der Werkstätte eines fremden, eines deutschen Buchdruckers hervorgehen. Derselbe Nicolaus Lorenz giebt nun ebenfalls um das Jahr 1480 die „Sette giornate della Geographia" des Berlinghieri heraus, ein grosses Werk mit vielen sehr tüchtig in Kupfer ge-

---

[1] Hain 1276. Der Verfasser des mystisch-allegorischen Werkes ist der 1478 verstorbene Bischof von Foligno, Antonio Bettini da Siena.

stochenen Landkarten. Hält man dazu, dass Konrad Sweinheim und Arnold Bucking zwei Jahre früher, 1478 in Rom, die Drucker und Verfertiger der Karten zur Princeps der Kosmographie des Ptolomaeus waren, so giebt dies zusammen genommen einen unanfechtbaren Beweis, dass die eingewanderten Deutschen, wenn sie nicht, wie es wahrscheinlich ist, überhaupt zuerst die Kenntniss der reproduktiven Kunst nach Italien gebracht, doch in jedem Falle auf ihre frühe Entwickelung daselbst einen bedeutenden Einfluss gewonnen haben.

Das Einrücken der Kupferplattendrucke mitten in den Letterndruck hinein, wie bei dem vorhin genannten „Dante" und dem „Monte Santo die Dio", mag den Werkleuten jener Zeit nicht geringe Schwierigkeiten bereitet haben. Im Typensatz wurde zwar der entsprechende Raum für die Bilder ausgespart, aber dem Kupferdrucker wollte es doch nicht recht glücken, den Plattenabzug mit Sicherheit auf den bestimmten Platz zu bringen. Sowohl im „Dante" wie im „Monte Santo" sitzen die Kupferdrucke meist schief und ungenau und geben dadurch der Blattseite, die sie zieren sollen, ein wenig ansprechendes Aussehen. Dies mag auch der Grund gewesen sein, dass Lorenz nur in sehr wenigen Exemplaren des Dante von allen für die Ausgabe angefertigten Kupferstichen wirklich Gebrauch machte. Meistens begnügt er sich denn auch, in die Exemplare blos zwei Illustrationen einzufügen und die Plätze für die übrigen einfach leer zu lassen. So kommt es, dass man in den meisten Exemplaren der Dante-Ausgabe von 1481 von den Illustrationen des Botticelli-Baldini in der Regel nur die zum ersten und dritten Gesange findet.

Der „Dante" des Nicolaus Lorenz bleibt auf lange Zeit hinaus das letzte Buch, in welchem in den Text gedruckte Kupferstich-Illustrationen zur Anwendung kommen. Die Schwierigkeiten, die sich bei der Herstellung dieser Art von Bücherschmuck ergaben, mussten abschreckend für fernere ähnliche Versuche wirken und vorerst scheinen die florentiner Typographen es vorgezogen zu haben, auf Illustrationsschmuck ihrer Bücher ganz und gar zu verzichten. Erst zehn Jahre später kommen in Florenz wiederum illustrierte Drucke heraus, deren Bilder dann aber in einer den Prinzipien der Typographie mehr entsprechenden Weise, nämlich in Holzschnitt, hergestellt sind. In diesen Illustrationen bethätigt sich vorwiegend die florentiner Holzschneidekunst, deren Charakter wir in allgemeinen Zügen schon vorhin kurz angedeutet haben.

Als einer Art Vorläufer der in Florenz sich entwickelnden Behandlungsart der Holzplatte stellt sich merkwürdiger Weise eine Serie von Holzschnitten heraus, die als Illustrationen eines Druckwerkes am Ende der siebziger Jahre zu Foligno an das Licht treten. Sie enthalten, wenn auch an sich derb und fast roh, doch die besondern Eigentümlichkeiten der späteren florentiner Xylographenschule ziemlich deutlich ausgeprägt.

Johannes Numeister „clericus maguntinus" (clericus hier wohl zu übersetzen mit „Schreiber"), ursprünglich wahrscheinlich ein Gehilfe Gutenbergs in Mainz, ist seit 1470 in Foligno thätig, wo er in Gemeinschaft mit dem Folignesen Emiliano de Orfinis in dessen Hause eine Druckerei errichtete. Das letzte Buch, zugleich das einzige illustrierte, das aus seiner Presse hervorgeht, datiert von 1479 und ist eine Ausgabe der „Contemplationes" (Meditationes) des Turrecremata[1]), eben jenes von dem

---

[1]) Hain 15726. Die Holzschnitte durchschnittlich 85 mm hoch, 113 mm breit. Nachbildungen bei Dibdin: Bibliotheca Spenceriana IV S. 41.

wir hier sprechen wollen. Die dreiunddreissig Holzschnitte darin sind fast durchweg freie Kopien nach der römischen Ausgabe der Meditationes des Kardinals Turrecremata des Ulrich Hahn, die wir schon kennen gelernt haben, fast überall aber, wo es anging, ist ein den Vorbildern fehlender landschaftlicher Hintergrund gegeben. Diese Foligneser Holzschnitte sind Darstellungen von ziemlich unbehilflicher Ausführung und plumper Zeichnung der kleinen Figuren mit dicken Köpfen. Ohne ausgesprochenen Stiltypus haben sie vielleicht mehr deutsches als italienisches Aussehen, und nur in den Trachten finden sich deutlichere Anklänge an die Lokalität ihrer Entstehung. Von besonderem Interesse für uns ist nur die eigentümliche Art ihrer Behandlung. Es hat den Anschein, als wären es Platten aus sehr hartem Holz gewesen, die mehr mit einer Art Grabstichel als mit dem Schneidemesser bearbeitet wurden. Die breit gehaltenen Schattenmassen sind mit engen, feinen, parallelen Strichen hergestellt und die Lichter darin weiss ausgeschnitten. Die durch diese Ausführungsweise hervorgerufene sehr dunkle Haltung giebt den Numeister'schen Holzschnitten ein den deutschen Schrotblättern ähnliches Aussehen. Das technische Prinzip der so eigentümlichen Behandlung, das hier in Foligno auftritt, wird anderthalb Jahrzehnt später von der florentiner Xylographenschule fast vollständig adoptiert, nur wird die kunstlose Art dabei entsprechend vervollkommnet und veredelt, vielleicht aber ist der Ursprung der florentiner Xylographie in den primitiven Foligneser Produktionen zu suchen.

Wie schon vorhin angedeutet, finden sich Illustrationen in florentiner Druckwerken nicht vor dem Jahre 1490. Dieses Datum trägt eine Sammlung Poesien, der „Laudi" des Jacopone da Todi,[1] jenes schwärmerischen Franziskanermönches, der das „Stabat mater" gedichtet und der vornehmlichste Repräsentant der in den „Laudi" gipfelnden geistlichen Liederdichtung des XIII. Jahrhunderts, oder vielmehr die Personifikation einer Menge unbekannt gebliebener Autoren geworden ist.

Auf der Rückseite des achten Blattes findet sich ein in feiner Konturzeichnung gehaltener Holzschnitt: Der selige Frate Jacopone kniend in einer Strahlengloria, und oben erscheint die Jungfrau Maria in einer Mandorla sitzend, von Cherubim umgeben und sich zu dem Beter herniederneigend; das Ganze überaus reizend wie eine feine Silberstiftzeichnung im Charakter der florentiner Kunstart jener Zeit und von so individueller Zeichnung, dass sich hier die Frage nach dem unbekannten Urheber unwillkürlich aufdrängt. Aus der Officin des Francesco Buonaccorsi, der das Buch gedruckt und dessen Thätigkeit sich in Florenz zwischen 1486 und 1496 verfolgen lässt, geht Aehnliches nicht wieder hervor.

Eine Ausgabe des „Specchio di Croce" von Domenico Cavalca, ebenfalls vom Jahre 1490, soll auf der Rückseite des ersten Blattes einen Holzschnitt mit der Kreuzigung Christi tragen. Es ist mir nicht möglich geworden, dieses von Audiffredi[2]) angeführte Buch zu Gesicht zu bekommen.

Die hervorstechende Eigenart der florentiner Holzschneidekunst mit ihrer kräftigen Licht- und Schattenwirkung treffen wir völlig ausgebildet in den von 1491 an erscheinenden Illustrationen, und eine in diesem Jahre herauskommende Ausgabe vom Monte Santo di Dio des Antonio Bettini bietet das meinem Erachten nach

---

[1]) Hain 9355. Gedruckt von Francesco Buonaccorsi.
[2]) Specimen hist. crit. Editionum Italicarum Saec. XV. Romae 1794. 4°. p. 320: Domenico Cavalca Pisanus: Spechio (sic) di Croce. Impresso in Firenze per Francisco di Dino di Jacopo Fiorentino. 1490. 4°.

früheste Beispiel dieser Behandlungsart. Die erste Ausgabe des eben genannten
Buches von 1477 haben wir vorhin unter den in Florenz herauskommenden mit

Der selige Jacopone vor der Madonna anbetend.
Aus den „Laudi" des Jacopone da Todi. Florenz 1491.

Kupferstichen illustrierten Druckwerken kennen gelernt. Diese neue Ausgabe von
1491[1]) zeigt dieselben Bilder wie die erste, jedoch in Holzschnitt ausgeführt. Es

[1]) Hain 1276. A. E.: Impresso nella inclita cipta di Firenze per Ser Lorenzo di
Morgiani et Giouanni Thodesco di Maganza. 1491. fol.

sind deren drei. Eine allegorische Darstellung der Stufen zum Paradies, dann Christus in der Mandorla, beide fast blattgross, und ein dritter, kleinerer Holzschnitt, die Hölle in der seit dem Fresko im Campo Santo zu Pisa üblich gewordenen Darstellungsweise. Diesen Holzschnitten haben zwar die Kupferstiche der ersten Ausgabe zur Vorlage gedient, aber sie sind durchaus keine blossen Nachahmungen der Vorbilder, sondern mit Freiheit und Feinheit behandelt. Die besten Qualitäten der florentiner Holzschneidetechnik kommen hier zum Vorschein, so in der wirklich zarten und edlen Figur Christi in dem ersten Blatte, in dem wohlgelungenen Ausdruck der kleinen Köpfe der Engelsfiguren. Dabei ist die Wirkung kräftig und wohl abgewogen. In den Formen und in der Zeichnungsweise klingt die florentiner Stilart etwa im Sinne des Filippino Lippi deutlich durch.

Für die Möglichkeit, dass der Drucker dieses Buches Johannes Petri von Mainz, mit seinem italienisierten Namen „Giovanni Thodesco da Magunza", auch einen unmittelbaren Anteil an der Herstellung der Holzschnitte gehabt haben mag, bieten sich mancherlei Anhaltspunkte. Nicht dass die Komposition oder Vorzeichnung, nur dass die geschickte xylographische Ausführung von ihm herrührt, wäre dabei zu denken. Petri gehört zu den ersten Typographen, die in Florenz auftauchen. Nachdem der schon vorhin genannte Bernardo Cennini 1471 den, wie es scheint, wenig lohnenden Versuch gemacht hatte, die Typographie in Florenz einzuführen, debütiert im folgenden Jahre unser Johannes Petri daselbst ebenfalls mit der neuen Kunst, ohne jedoch viel mehr Glück damit zu haben als sein Vorgänger. 1472 bringt er eine Ausgabe von Boccaccio's Philocolo zu Stande; von da an hören wir aber nichts mehr von seiner Druckerei bis 1491, wo er sich mit einem gewissen Lorenzo Morgiani associiert und der vorerwähnte „Monte Santo" herauskommt. Sind die in diesen neunzehn Jahren von ihm gedruckten Bücher oder Büchlein alle verloren gegangen,[*)] oder trieb er inzwischen etwas anderes? Wir erfahren nur, dass er auch Stempelschneider, d. h. Matrizenschneider für die Buchdrucker war. Die Mönche von Ripoli, Domenico da Pistoja und Pietro da Pisa, hatten 1474 eine Druckerei eingerichtet und sich zu diesem Behuf zuerst mit einem sonst unbekannten Drucker Namens Hippolita, später, 1476, aber mit Johann von Mainz verbunden. Diese Verbindung löst sich indessen bald wieder auf und 1478 kaufen die Mönche von Johannes Matrizen zu einer Antiqua-Schrift mit allem Zubehör („Madri della Lettera antica colle majuscole et sue breviature per prezzo di dieci fiorini d'oro larghi"). Fossi, Bibliotheca Magliabech. I. Einl.). Petri, der das Drucken und Matrizenschneiden in Florenz betreibt, hat seine Fertigkeiten unzweifelhaft aus Deutschland mitgebracht. Aber ein Handwerker jener Zeit, der die so schwierig herzustellenden Matrizen machte, verstand sicherlich auch die damit so nahe verwandte und in seiner deutschen Heimat vielbetriebene Technik des Holzschneidens. Und ebenso wie Johannes sich in Italien auf die „Lettera antica" einarbeitete, auf die er sich doch zu Hause (vor 1472) nicht geübt hatte, eben so gut konnte er sich dem Stil der Vorzeichnungen italienischer Künstler anbequemen. Wäre aber Johannes Petri wirklich der Verfertiger der Schnitte in der neuen Ausgabe des „Monte Santo", so würde ihm wahrscheinlich auch ausserdem eine bedeutende Rolle bei der Ausbildung der Florentiner Xylographie zuzu-

---

*) Das einzige Buch, das in dieser Zeit vielleicht von ihm gedruckt worden sein mag, ist eine undatierte Ausgabe der Triumphi des Petrarca. Vergl. Bernard, Histoire de l'Imprimerie. II. S. 241.

schreiben sein. Allerdings bleibt nach dem Stande unseres Wissens das eine wie das andere vorerst ungewiss, und nur auf die Möglichkeit eines solchen Verhältnisses wollte ich hier hinweisen.

Im Jahre 1491 hat Petri übrigens noch ein zweites mit Holzschnitten verziertes Buch herausgegeben, ein kleines Lehrbuch der Arithmetik, das sonderbarer Weise Niemandem Geringerm als Juliano Medici gewidmet ist.[1]) Ornamentierte Randleisten und kleine Darstellungen von allerlei Handwerken und Verrichtungen, Tieren und Ungetümen schmücken das Büchlein.

Die Bestrebungen des Johannes Petri in Bezug auf die Herstellung illustrierter Ausgaben teilt mit ihm alsbald ein anderer florentiner Xylograph, Antonio Miscomini.

Der Arzt.
Aus dem Grosso des Scacchi des Cessolis. Florenz 1493

Aus der produktiven Werkstätte des Miscomini gehen viele der zahllosen Drucke der Predigten und geistlichen Schriften des Savonarola hervor, die in den Zeiten, als Florenz von dem Ruhme und der Verehrung für den gottbegeisterten Mönch erfüllt war, fortwährend erscheinen. Die Thätigkeit der Pressen des Miscomini lässt sich an datierten Werken von 1481 bis 1495 verfolgen, der früheste mit einem Holzschnitt versehene Druck seines Verlages ist aber erst von 1493. Es ist ein Druck des „Tractato dell Umilita"[2]) von Savonarola. Auf dem ersten Blatte erblickt man einen vortrefflichen

---

[1]) Philippo Calando de Arithmetica Opusculum ad Julianum Medicem . . . . . „Impresso nella excelsa cipta di Firenze per Lorenzo di Morgiani et Giovanni Thodesco da Maganza".

[2]) Tractato dell humilita co:mposto p(er) frate Hieronymo da Ferrara . . . a. E. Impresso in Firenze per Antonio Mischomini. Adi ultimo di giugno 1492. 4°. Fossi. Bibl. Magliabechiana p. 545.

Holzschnitt in Konturmanier, die Halbfigur des im Grabe stehenden Heilands von zwei Engeln gehalten, im Stile der Zeichnung durchaus an Filippino Lippi gemahnend.[1])

Das hervorragendste Holzschnittwerk des Miscomini ist aber eine Ausgabe der italienischen Version des im spätern Mittelalter vielverbreiteten Buches von Jacobus Cessole über das Schachspiel. In diesem moralisierenden Werke dienen die Schachfiguren, ihr verschiedener Rang, ihre gesetzmässigen Bewegungen als Vergleich zu den Pflichten und Befugnissen der verschiedenen Stände der menschlichen Gesellschaft.[2])

Der Holzschnitt des Titelblattes zeigt einen König, vor dem zwei Schachspieler umgeben von einer Gruppe Zuschauer am Brette sitzen. Es sind jünglingshafte, schlanke Gestalten, in denen die Eigentümlichkeiten der Auffassungsweise des Sandro Botticelli zum Vorschein kommen. Weniger deutlich ist dies in den übrigen Holzschnitten des Buches der Fall, die jedoch in der Ausführung nicht geringer sind als der Titelschnitt. Sie stellen die verschiedenen Stände der Menschen dar. Wir geben umstehend den „Arzt" in getreuer Nachbildung, zugleich als Probe für die geistreiche und originelle Verwendung der malerischen Effekte, welche der Holzplatte von dem unbekannten Künstler dieser Illustrationen abgewonnen sind.

Etwa um das Jahr 1490, sicher aber vor 1493, müssen wir die Ausführung eines grossen Holzschnittes, einer Ansicht von Florenz in sieben zusammen 585 mm hohen und 1,315 mm breiten Blättern setzen, welche uns zeigt, dass die dortigen Xylographen sich damals schon an sehr umfangreiche Arbeiten mit Erfolg heranwagen durften. Die Ansicht ist ein Mittelding zwischen einer Vedute und einer planartigen Aufnahme aus idealer Perspektive. Der Standpunkt des Beschauers ist im Südwesten vor den alten Mauern der Stadt, am linken Arnoufer zwischen der ehemaligen Porta San Friano und der Porta San Pier Gattolini gedacht. Hier sieht man in der Nähe frei erfundener phantastisch gebildeter Felsen einen Mann in der Tracht der Zeit mit einer Zeichentafel auf den Knien sitzen. Zu seinen Füssen breitet sich rechts der alte Stadtteil Sto. Spirito, dahinter der von seiner heutigen Gestalt abweichende, nur sieben Fensteröffnungen zählende Palazzo Pitti aus. Gegenüber liegen die Stadtteile des rechten Arnoufers, der Dom mit einer Pilasterarchitektur an der Fassade. Vom Palazzo Strozzi ist noch nichts zu sehen. Den Hintergrund bilden die Florenz umrahmenden Bergketten, in der Ecke links erblickt man den Dom und das Kloster von Fiesole auf der Höhe. In der Mitte fliesst nach links zu der Arno. Ein Wehr darauf wird eben gebaut oder ausgebessert, ein Nachen mit Leuten setzt über den Strom. Auch sonst ist noch Staffage angebracht. Oben in der Luft befindet sich ein Schriftband mit dem Worte: FIORENZA.

In der technischen Behandlung zeigt das Blatt vollständige Uebereinstimmung mit den florentiner Holzschnitten der Epoche. Die Haltung ist sehr kräftig, die Halbschatten mit eng stehenden nicht gekreuzten feinen parallelen Strichen, die Mauerflächen mit Punkten oder punktartigen kurzen Linien ganz nach Art der florentiner Bücher-Holzschnitte angedeutet. Die Berge und das Terrain sind von

---

[1] Nachgebildet bei Gruyer: Les Illustrations des Écrits de Jérome Savonarola Paris 1879. 4°. Seite 51.
[2] Cessole, Jacobus de: Libro di Giuocho di Scacchi intitolato de costrumi degli huomini et degli offitii de nobili ... Impresso in Firenze per Maestro Antonio Miscomini. 1493. 4°. Hain 4900.

Ausschnitt aus der grossen Ansicht von Florenz. Holzschnitt im K. Kupferstichkabinet zu Berlin.

wulstiger Bildung. Die Vortragsweise scheint darzutun, dass die ausführenden Hände zwar geschickt, aber doch nicht an derartigen Ausführungen geschult waren, denn sie haben die Manier der kleinen Bücherillustrationen lediglich in einen vergrösserten Mafstab übertragen.

Das einzige uns bekannt gewordene Exemplar dieses umfangreichen Blattes besitzt das Berliner Kupferstichkabinet. Der Abdruck ist hier kein sehr guter und scheint nicht aus der Zeit der Anfertigung der Platten zu stammen, sondern später, jedenfalls aber noch im XVI. Jahrhundert gemacht zu sein. Wir geben beistehend die genaue Nachbildung einer Partie aus der rechten Ecke mit der Figur des sitzenden Zeichners.

Auf den Werth, den dieser unseres Wissens bisher noch nirgends erwähnte Stadtprospekt für die Typographie und Baugeschichte von Florenz hat, können wir hier nicht weiter eingehen. Vielleicht wird sich aus ihm manches Resultat nach jener Richtung ergeben, vielleicht wird sich auch die Entstehungszeit noch genauer begrenzen und fixieren lassen, als ich es hier vermag. Dass unser Holzschnitt vor Ablauf der neunziger Jahre des XV. Jahrhunderts gefertigt sein muss, ergibt sich schon aus dem Fehlen des Palazzo Strozzi, ja man könnte vielleicht sogar annehmen, dass er vor Beginn des im Jahre 1489 angefangenen Baues dieses Palastes gezeichnet worden sei, denn an seinem Standorte erblickt man hier noch andere Häuser, die ja doch weggeräumt werden mussten, bevor der Bau seinen Anfang nahm. Indessen ist es immerhin möglich, dass sich der zur Zeit der Aufnahme noch wenig empor gestiegene Bau wegen der Verdeckung durch die in der Sehlinie stehenden Häuser nicht kenntlich machte und so vom Zeichner nicht besonders angedeutet wurde.

Dass aber unser Prospekt doch höchst wahrscheinlich vor 1493 gefertigt und bekannt gewesen ist, ergibt sich aus dem Umstande, dass die Ansicht von Florenz in der in dem genannten Jahre in Nürnberg herauskommenden Chronik des Hartmann-Schedel offenbar nach ihm kopiert ist. Die entsprechende Illustration bei Schedel nimmt, in die Quere gehend, zwei Seiten des Formates ein und findet sich auf fol. 86 verso und 87 recto der lateinischen und ebenfalls auf fol. 86 verso der deutschen Ausgabe. Diese Ansicht in der Schedel'schen Chronik ist gewissermassen nur eine Art Auszug aus dem Originale. Alles ist vergröbert, eine Menge Einzelheiten sind weggelassen, auch willkürliche Veränderungen sind vorgenommen, das Ganze ist flüchtig und oberflächlich gemacht, aber die Vergleichung der beiden Abbildungen lässt über ihren Zusammenhang keinen Zweifel. Es ist genau derselbe Standpunkt des Beschauers inne gehalten, die Hauptgruppen der Bauwerke erscheinen ebenso wie auf dem florentiner Blatte, selbst von der Staffage ist der über den Arno setzende Kahn geblieben, nur der Einfachheit halber hier blos mit einer Figur besetzt. Ja sogar in die Behandlungsweise des Schnittes bei Schedel ist etwas von dem Charakter der florentiner Abbildung übergegangen.

Diese Stadtansicht gehört zu den verhältnissmässig korrektesten der „Chronik", und ist in dieser Hinsicht nur noch der Ansicht von Venedig vergleichbar. Für Venedig, und das zeigt ebenfalls die Vergleichung in evidenter Weise, hatten die Nürnberger Illustratoren den die Riva degli Schiavoni und die Piazzetta darstellenden grossen Holzschnitt aus Breydenbach's „Reise nach Jerusalem" zu Grunde gelegt. Dies war, wie unser Holzschnitt für Florenz, wiederum die beste Abbildung der

Lagunenstadt, die damals existierte. Das Buch von Breydenbach[1]) ist zum ersten Male 1486 durch den Maler „Erhard Rewich von Utrecht" in Mainz gedruckt und erlebte im XV. Jahrhundert Ausgaben und Uebersetzungen — das Original war lateinisch — in die deutsche, französische und spanische Sprache. Die Holzschnitte der Originalausgabe sind Meisterwerke in Bezug auf Zeichnung und technische Ausführung. Der Text nennt den Drucker des Buches, den sonst unbekannten Maler Erhard Rewich aus Utrecht, als ihren Verfertiger. Sie sind Meisterwerke ihrer Art. Wir müssen uns an dieser Stelle versagen, auf das interessante Buch des Breydenbach näher einzugehen, für uns hat hier vorwiegend die darin enthaltene Vedute von Venedig in ihrem Verhältniss zu dem florentiner Stadtbilde Interesse.

Rewichs Ansicht von Venedig ist, wie man ohne Zweifel annehmen darf, älter als die Holzschnittansicht von Florenz. Letztere wird vor 1486 wahrscheinlich doch kaum entstanden sein, und so vorzüglich auch die Abbildung von Venedig bei Breydenbach gezeichnet und geschnitten, sie ist doch keine so ausgearbeitete Stadtansicht wie das Blatt, das uns hier zunächst beschäftigt.

„Venedig", sowie die übrigen in Breydenbach's Buche enthaltenen Holzschnitte des Rewich sind Veduten von langgestreckter Form, welche die wichtigsten und am meisten charakteristischen Punkte des dargestellten Objekts im Umriss geben. „Florenz" erscheint hingegen schon wesentlich freier aufgefasst und mit voller Beherrschung der perspektivischen Verschiebungen und Ueberschneidungen treu auf die Fläche gebracht, wie es dem Standpunkte, den der Zeichner thatsächlich einnahm, entsprach. Von technisch-künstlerischer Seite, in Beziehung auf die Schärfe und Reinheit der Zeichnung und die Exaktheit der xylographischen Ausführung war Rewich dem unbekannten Verfertiger der „Florenza" entschieden überlegen und in Bezug auf Naturtreue und technische Vollendung nehmen seine Arbeiten selbst unter den hohen Leistungen des XV. Jahrhunderts eine keineswegs geringe Stellung ein; aber in der Ansicht von Florenz haben wir vielleicht zum ersten Male im Gebiete der reproduktiven Künste ein vollständig abgerundetes, alles Wesentliche zusammenfassendes Stadtbild.

In dem Zeichner im Vordergrund hat sich der unbekannte Urheber dieses merkwürdigen Blattes selbst porträtiert; über seine Persönlichkeit wird sich aber vielleicht nie Näheres ermitteln lassen.

Für den Anteil, welcher den deutschen Xylographen an der italienischen Holzschneidekunst zukommt, ist es bezeichnend, dass der einzige uns überkommene Künstlername eines in der florentiner Weise und wahrscheinlich in Florenz selbst thätigen Holzschneiders unzweifelbaren deutschen Klang hat: Johannes de Francfordia.

Diese Bezeichnung trägt ein grosser, den wilden Kampf nackter Männer in einem Walde darstellender Holzschnitt (ein Exemplar davon im Britischen Museum in London, Passavant I. S. 131). Die Komposition ist eine ziemlich getreue Kopie des denselben Gegenstand behandelnden Kupferstiches von Antonio Pollajuolo (Bartsch No. 2). Der Stoff der Darstellung erscheint nicht völlig klar, vielleicht sollte sie einen Gladiatorenkampf oder Aehnliches veranschaulichen, vielleicht unternahm Pollajuolo den stecherischen Versuch vornehmlich in der Lust an scharf accentuierter Modellierung des menschlichen Körpers in verschiedenartigen gewaltsamen Stellungen. In der Kopie des Johannes de Francfordia ist die charakteristische Zeichnung ziem-

---

[1]) Hain 3956 ff.

Madonna mit dem Christuskinde und dem hl. Johannes.
Einzelblatt. In der Hamburger Kunsthalle. Verkleinerte Nachbildung.

lich getreu nachgeahmt, daneben aber der Effekt des Stiches des Pollajuolo in freier Weise den stilistischen Bedingungen der Holzplatte angepasst. Mit einfachen Lagen kräftiger ungekreuzter Striche ist die Modellierung der Figuren und mit starken Umrisslinien ihr Kontur gegeben. Ganz in der Art der florentiner Holzschnitte ist auch das vorwiegend dunkel gehaltene Terrain behandelt. Wir kennen nur dieses eine Werk des Johannes und wir wissen nicht, ob seine übrigen Arbeiten alle verloren gegangen sind, oder was sich davon unter den anonymen Holzschnitten der Zeit verbirgt. Landsleute und Handwerksgenossen des Frankfurter Holzschneiders waren gleich ihm um diese Zeit häufig über die Alpen gewandert, um in italienischen Werkstätten zu arbeiten, und tauchen besonders in Oberitalien auf, wo wir ihnen noch weiterhin begegnen werden.

Die Hamburger Kunsthalle besitzt unter ihren reichen Schätzen italienischer Blätter des XV. Jahrhundertes einen grossen, eine Madonna mit dem Christkind und dem kleinen heiligen Johannes darstellenden Holzschnitt (371 mm hoch, 252 mm breit), in reiner Konturmanier ausgeführt, aber wie mir scheint von unzweifelhaft florentinischer Herkunft aus der Zeit um oder wenig vor 1500, von dem wir als einem selteneren Beispiele seiner Art beistehend eine verkleinerte Nachbildung bringen. Die etwas unbestimmte Stilistik und die weichliche Empfindungsweise der Zeichnung dieses schönen Blattes erinnern einigermassen an die Manier des Raffaellino del Garbo.

Erweisen die eben angeführten grossen Einzelblätter die bedeutende Stufe der Entwicklung, welche der florentiner Holzschnitt bald nach 1490 erreicht, so wird daneben die Fruchtbarkeit und Leistungsfähigkeit dieser Werkstätte und Werkstätten durch eine Reihe umfangreicher Illustrationswerke und durch eine unzählige Menge kleiner illustrierter Volksschriften dokumentiert. Die illustrierten Drucke der Traktate und Predigten des Savonarola haben wir schon vorhin kurz erwähnt. Sie tragen zwar meistens weder Datierung noch die Angabe des Druckers oder des Druckortes, sie zeigen aber so entschieden das Gepräge der florentiner Kunst, dass an ihrem Ursprunge nicht zu zweifeln ist. Ein Teil Ausgaben ist gewiss von Johannes Petri, andere sind von Miscomini und der ebenfalls sehr thätigen Officin des Francesco Dino gedruckt. Dies lässt sich häufig aus den Holzstöcken ersehen, welche diese Typographen in andern von ihnen gedruckten Büchern verwenden, wo sie irgendwie zum Texte passen.[1]

Unter diesen Illustrationen zu den Ausgaben der Savonarola-Literatur nimmt ein Druck einer am Allerseelentage 1496 gehaltenen Predigt über die „Kunst wohl zu sterben" vielleicht die erste Stelle ein[2]. Die Predigt war, wie auf dem Titel angegeben, nach der mündlichen Rede von Lorenzo Violi, dem Redakteur und Herausgeber vieler Predigten des Savonarola, aufgezeichnet, und obwohl von den drei alten Ausgaben keine Druckort oder Datum trägt, ist doch nicht zu zweifeln, dass sie sämmtlich ziemlich gleichzeitig und in Florenz herausgekommen sind. Auf dem Titelblatte der Ausgabe, die wir citiert haben, erblickt man den Tod als schreckliches Weib mit der Sense durch die Lüfte fliegend, eine Figur, die deutliche Reminiscenzen

---

[1] Die schon vorhin citierte Monographie von Gustave Gruyer verzeichnet die in den Ausgaben der Schriften des Savonarola vorkommenden Illustrationen und erörtert sie vorwiegend in Bezug auf den religiösen Inhalt der Darstellungen.

[2] Predica dell arte del ben morire facta dal Reuerendo Patre Frate Hieronymo da Ferrara a di 11 di Nouembro M.CCCCLXXXXVI racolta da Ser Lorenzo Violi da la uiua uoce del p'redicto Padre me'n'tre ch e' predicaua … s. E. Laus. Deo. 4°.

an die Figur des Todes im Campo Santo in Pisa verrät. Unten am Boden hingestreckte Leichen.

Das zweite Bild stellt einen Jüngling dar, neben dem der Tod mit der einen Hand auf die unten befindliche Hölle, mit der andern auf die oben erscheinenden himmlischen Heerschaaren weist, von echt florentinischem Kunsttypus und überaus zart und kräftig geschnitten. Nicht minder anziehend ist das dritte Bild. In einem grossen saalartigen Zimmer von ernster Einfachheit liegt auf einem Bett ein sterbender Mann. Ein Mönch spendet ihm Trost, die Angehörigen stehen und knieen um das Bett herum; zu den Füssen des Sterbenden hat sich der Tod, auf seine Beute lauernd, postirt, und am Kopfende harren drei Teufelsgestalten. Oben in der Luft schwebt aber Maria und hat die Seele in Gestalt eines Kindes zu sich genommen. Nur diese eine Komposition gemahnt in ihrem Gegenstande an die Darstellungen, die in dem in Deutschland und den Niederlanden vielverbreiteten Volksbuch der „Ars moriendi" gangbar waren. Der florentiner Holzschnitt ist aber ebensowenig eine Nachahmung der nordischen Ars moriendi-Bilder, als der Traktat des Savonarola mehr als den Titel mit jener ganz und gar mittelalterlich-ascetischen Schrift gemeinsam hat. Die deutsch-niederländische „Kunst zu sterben" handelt von den Versuchungen des Teufels, denen der Sterbende ausgesetzt ist, und der Rettung durch die Engel und die Himmlischen, die ihm, wenn er standhaft bleibt, in der Todesstunde zu Teil wird. Savonarola's „Arte del ben morire" ist in der Hauptsache hingegen eine Anweisung, wie man leben soll, um selig sterben zu können. Und so ist auch das Bild mit der Stube des Sterbenden eine Komposition, in der die stimmungsvolle Ruhe der florentinischen Renaissance waltet, während die abstrusen Darstellungen des nordischen Buches die Gemüther der Sünder mit Furcht und Schrecken zu erfüllen bestimmt waren.

Wenn nun aber auch der Traktat des Savonarola eine andere Tendenz verfolgt als die alte „Ars moriendi" mit ihren Schreckbildern, so hatte diese letzte und ihre Illustrationen vielleicht doch für Savonarola die Anregung zur Abfassung seiner „Kunst wohl zu Sterben" wenigstens indirekt abgegeben. In Italien erschien in der zweiten Hälfte des XV. Jahrhunderts in mehrfacher Ausgabe eine Schrift des Domenico de Capranica, Kardinals von Fermo (gest. 1458), welche von den Versuchungen und Tröstungen des Sterbenden in einer dem deutsch-niederländischen Blockbuch ganz verwandten Weise handelt. Von dieser „Ars moriendi" des Capranica kennen wir zwei Drucke mit Illustrationen, die unmittelbare Nachahmungen der deutschen Xylographien sind. Die eine dieser Ausgaben trägt das Datum 1490; und sie ist ohne Ortsangabe, aber, wie ich glaube, in Florenz gedruckt. Sie ist das Werk zweier deutscher Typographen und besonders merkwürdig dadurch, dass die Umarbeitung und Benutzung der deutsch-niederländischen Holzschnitte direkt darin angedeutet ist: „Stampado fu questa Operetta con li fuguri accomodati per Johannem clein e Piero himmel de Alemania" lautet die Schlussschrift.[1])

Die andere illustrierte Ausgabe der Ars moriendi des Capranica ist ein unzweifelhafter florentiner Druck, wahrscheinlich aus der Werkstätte des Johannes Petri. Von den (34) Bildern des kleinen Heftes sind die meisten mehr oder minder freie Nachahmungen der deutschen Ars moriendi, einige zeigen aber im Entwurfe und in der technischen Ausführung durchaus den florentiner Typus.[2])

---

[1]) Das einzige bekannte Exemplar davon in Althorp. Vergl. Dibdin, Bibl. Spenc. IV, S. 443.
[2]) Della Arte del ben morire cioe (in) Gratia di Dio. Compileto ... per ... Cardinale di fermo negli anni del nostro Signore MCCCCLII a. E. Finito ellibro del ben morire tuto

Unter diesen befindet sich eine direkte Kopie aus der oben erwähnten Arte del ben morire des Savonarola, nämlich der Jüngling mit dem Tode, aber weit geringer in der Ausführung als das Original, während die Scene im Sterbezimmer selbstständig und mit Geschick neu umkomponiert erscheint. Der Arzt und eine weibliche Figur stehen am Fussende des Lagers, auf dem ein junger Mann hingestreckt ist, der Tod mit der Sense klopft von aussen an die Thüre der Stube.[*]

Ich muss es an dieser Stelle unterlassen, die florentiner Ausgaben der Schriften des Savonarola, in denen sich Illustrationen vorfinden, sämmtlich oder auch nur zum grössern Teile aufzuzählen. Das schon mehrfach erwähnte Buch von Gruyer wird hierüber mit Nutzen zu Rate zu ziehen sein, wenn auch Gruyer es bedauerlicher Weise unterlassen hat, bibliographisch ausreichende Beschreibungen der von ihm citierten Drucke zu geben. Eine wenn auch ebenfalls bei weitem nicht vollständige,

Christus mit der Samariterin am Brunnen.
Aus den Episoole et Evangelii Florenz 1495.

so doch brauchbare Bibliographie der alten Savonarola-Ausgaben findet sich in Brunet's Manuel du Libraire et de l'Amateur de Livres, V. Sp. 158—173 (V. Ausgabe).

storiato Deo Gratias. Das einzige bekannte Exemplar in der Sammlung Fisher in London (Katal. 28) ist identisch mit dem von Dibdin, Bibliographical Decameron I S. 140, in der Sammlung Rice beschriebenen.

[*] Nachbildungen dieser Holzschnitte bei Gruyer S. 79 und 82. Diese halben Stücke kommen ausserdem noch in einer Ausgabe der Ars moriendi des Savonarola vor, die wiederum eine andere ist, als die vorhin auf Seite 24 erwähnte — ein Beispiel, wie die verschiedenartige Verwendung und die Kopierung der Holzschnitte die Nachforschung nach ihrer ursprünglichen Entstehung erschwert und kompliziert, zumal alle diese Ausgaben von äusserster Seltenheit sind und man sie nirgendwo beisammen sehen und vergleichen kann. Erst wenn wir von diesen Kunstwerken in so ausreichendem Mafse Reproduktionen besitzen werden, wie dies teilweise wenigstens bei den Handzeichnungen der Fall ist, werden sich erschöpfende Studien darin anstellen lassen.

Wenn die bisher erwähnten Produktionen meist Werke von kleinerem Umfange und mit nur wenigen Holzschnitten geziert sind, so treffen wir daneben, und etwa von 1495 bis in die ersten Jahre nach 1500 herauskommend, eine Reihe von Büchern, die mit äusserst umfangreichen einheitlich angelegten Serien von Bildern geziert sind, wie sie in dieser Zeit neben Florenz nur Venedig, sonst aber keine andere Druckstätte in Italien hervorbringt. Die 1495 von Lorenzo di Morgiani in Gemeinschaft mit Johann von Mainz gedruckten Epistole et Evangelii[1]) enthalten an 200 Holzschnitte, von denen allerdings viele auch in den gedruckten Traktaten des Savonarola vorkommen, und, soweit sie von älterem Datum sind als die „Epistole", hier nur neu abgedruckt erscheinen. Ein sehr grosser Teil ist aber jedenfalls für dieses Buch neu geschnitten. Die Ungleichmässigkeit der Ausführung und die ungleichmässigen Dimensionen dieser Holzschnitte verraten die verschiedene Herkunft derselben. Manche sind aber äusserst fein ausgeführt, und die zierlichen Kompositionen der Motive spiegeln die florentiner Malerei der Zeit in anmutiger Weise wieder. Ein die ganze Folioseite einnehmendes xylographisches Titelblatt zeigt in reicher Ornamentation von Rankenwerk mit Delphinen in der Mitte, in einem Rund die Figuren der Apostel Petrus und Paulus. Das dem florentiner Holzschnitt eigene Prinzip der Verwendung grosser schwarz stehen gelassener Flächen erweist hier seine volle Fähigkeit zur Entfaltung eines sehr wirksamen dekorativen Effektes.

Diese so ausgestattete florentiner Ausgabe der Evangelien und Episteln scheint sehr beliebt gewesen zu sein, denn bis weit in das XVI. Jahrhundert hinein werden immer neue Auflagen davon veranstaltet. Trotzdem die alten Illustrationen der später herrschenden Kunstrichtung längst nicht mehr entsprechen, und trotz der starken Abnützung, welche die Holzstöcke inzwischen erlitten haben. Die letzte derartige Ausgabe mit den altflorentiner Schnitten, die mir zu Gesicht gekommen ist, stammt aus dem Jahre 1598.[2])

Ein im spätern Mittelalter vielverbreitetes Buch, die unter dem Namen der Fabeln des Aesop bekannte Fabelsammlung, erhielt seit der Erfindung der Buchdruckerkunst fast durch jede der verschiedenen Kunstschulen seine Gestaltung als illustriertes Volksbuch. Dies sowohl in Deutschland, Frankreich und den Niederlanden, als auch in Italien, und in der Epoche, die wir hier im Auge haben, ebenfalls in Florenz. Hier erscheint 1496 ein mit Holzschnitten ausgestatteter Aesop mit dem italienischen versificierten Texte des Accis Zucco, mit dem Beinamen de Suunna Campana.[3])

Die Zeichnung der Tiere hat nicht die Lebendigkeit und den frischen Humor, mit dem zuweilen deutsche und auch oberitalienische Zeichner solche Holzschnitte zu den Fabeln des Aesop zu entwerfen pflegten. Die Kompositionen sind mit ängst-

---

[1]) Das einzige bekannte Exemplar dieser, wie ich glaube, ersten Ausgabe in der Bibliothek von Richard Fisher in London. Vergl. dessen Katalog Seite 27.

[2]) Den Titel vermag ich nicht anzugeben, da dem Exemplar die ersten Blätter fehlten.

[3]) Das einzige mir bekannt gewordene Exemplar dieser von keinem Bibliographen beschriebenen Ausgabe findet sich in der Riccardiana (Stima della Bibl. Ricc. pag. 60). Der Anfang fehlt, fol. a 11 rec. beginnt: „Jo mandero per tutto .. Weiterhin in luntern grosse Lücken. Am Ende: Impresso in Firenze per Ser Francesco Bonaccorsi ad instantia di Ser Piero Pacini Anno Domini M.CCCC.LXXXXV. Adi XVII. di Septembre. 4°. Darunter das Verlegerzeichen des Piero Pacini (da Pescia). Das vorhandene Fragment enthält 44 in der florentiner Manier ausgeführte Holzschnitte zu den Tierfabeln, jeder durchschnittlich 87 mm hoch und 109 mm breit.

licher Anschmiegung an den Text von einem handwerksmäßigen Illustrator gemacht und gering geschnitten, und wenn auch der florentinische Kunstcharakter in ihnen deutlich hervortritt, die derb realistische Auffassung, die allein die Tierfabeln im Bilde zu beleben vermag, lag der Sinnesrichtung dieser Kunst doch allzufern.

Wenn auch nicht ganz in dem weiten Umfange wie in Deutschland, so erfüllt der italienische Holzschnitt den Beruf, die Scenen der volkstümlichen Dichterwerke verbildlicht vorzuführen, doch in bemerkenswerter Weise. Das rege Schaffen auf dem Gebiete der profanen poetischen Literatur Italiens in der zweiten Hälfte des XV. Jahrhunderts begleiten die Illustratoren mit einer reichlichen Produktion von mit

Aus dem Quadriregio des Federigo Frezzi. Florenz 1508.

Bildern geschmückten Ausgaben, in denen die Holzschnitte oft Seite für Seite den Text illustrieren. Und neben den gleichzeitigen Dichterwerken, die in dieser Ausstattung erscheinen, wie die vielen illustrierten Drucke des Tasso und Lodovico Dolce, kommen die älteren klassischen Autoren, namentlich der Dante und Boccaccio fortwährend in Neudrucken heraus, die oft mit hunderten von Holzschnitten geziert sind. Venedig sieht zwar, zumal was die Quantität der Leistungen anbetrifft, in dieser Gattung der künstlerischen, oder, wenn man will, oft nur kunstgewerblich zu nennenden Produktionen obenan, doch haben auch die florentiner Pressen hieran reichlichen Anteil.

Merkwürdiger Weise scheinen die illustrierten florentiner Ausgaben nicht jene Verbreitung gefunden zu haben, wie ähnliche anderwärts herauskommende Bücher. Vielleicht waren auch ihre Auflagen ursprünglich verhältnismässig klein, und der buchhändlerische Betrieb bei ihnen kein so geregelter und wirksamer wie der welcher die venezianischen Bücher in alle Welt verbreitete. Man muss das Vorhandensein solcher Umstände annehmen, um es erklärlich zu machen, weshalb diese florentiner Drucke heut zu Tage fast durchweg bibliographische Seltenheiten ersten Ranges sind; von vielen lässt sich nicht mehr als ein erhaltenes Exemplar nachweisen.

Der „Morgante Maggiore" des Ludovico Pulci erscheint 1500 in Florenz in einer mit über 200 Holzschnitten geschmückten Ausgabe.[1] Die endlos ausgesponnene Handlung dieses epischen Rittergedichtes bot dem Illustrator den reichhaltigsten Stoff zu seinen Bildern. Er fasst sie durchweg mit pedantischem Ernst auf

Aus dem Quadriregio des Federigo Frezzi. Florenz 1508.

und ordnet sie streng nach seinem Texte an, obwohl der Leser zuweilen zweifelhaft wird, ob Pulci mit den unglaublichen Donquixoterien des Ritters Roland und des Riesen Morgante nicht vielmehr ab und zu eine Parodie jener Ritterpoesie beabsichtigte,

---

[1] Pulci, Ludovico. Morgante Maggiore. fol. rec. Morgante Maggiore, darunter ein Holzschnitt, der Riese Morgante in Unterredung mit dem als einen dicken Mann dargestellten Roland. (?) Darunter der Anfang des Gedichtes: „In principio era il verbo" etc. A. E. finito illibro chiamato Morgňte maggiore Composto per Luigi pulci Impresso in Firenze nel Anno M.CCCCC. adi XXII di Gennaio. fol. Das einzige mir bekannte Exemplar dieses Buches besitzt die Wiener Hofbibliothek. Die Holzschnitte darin, 120 an Zahl, sind durchschnittlich 8 cm hoch und 11 cm breit. Sieben der geringeren Holzschnitte des Morgante Maggiore kommen noch in einer Ausgabe des „Morgante Piccolo" von 1535 vor. Fol. 1 recto: „Morgante Margutte" darunter der Titelholzschnitt des Morgante Maggiore ... s. E. Stampato ad Instantia di Maestro Francesco di Giovanni Benuenuto Nel 1533. (Florenz) 4°. 14 Blatt. Der Morgante piccolo in eine Art Auszug aus dem grossen Gedicht.

mit welcher die Strassensänger von Florenz das Volk von den alten Helden aus den Zeiten Karls des Grossen unterhielten.

Die Holzschnitte zeigen verschiedene Manieren der Behandlung; es scheinen an ihnen mehrere Hände thätig gewesen zu sein, alle sind aber im florentiner Holzschnittstil gehalten. In der ersten Partie des Werkes sind sie sehr sorgfältig gezeichnet und überaus fleissig ausgeführt, späterhin werden sie geringer und mitunter ganz flüchtig. Ein derartiges Sinken der künstlerischen Qualität gegen den Schluss hin lässt sich häufig auch an den Miniaturen von Handschriften beobachten. Dem Künstler wie dem Besteller, in unserem Falle dem Drucker, haben nicht selten die Lust und die Mittel, das begonnene Werk in der anfänglich geplanten Weise bis zum Ende durchzuführen, versagt.

Aehnlich der eben erwähnten Ausgabe des „Morgante", doch von mehr gleichmässiger und einheitlicher künstlerischer Durchführung ist ein heut zu Tage ebenfalls sehr seltener Druck das „Quadriregio" des Federigo Frezzi vom Jahre 1508.[1]) Das Gedicht dieses 1416 verstorbenen Bischofs von Foligno ist eine etwas wässrige Nachahmung der Göttlichen Komödie. Der Autor wandert durch die vier „Reiche" der Liebe, des Satans, des Lasters und der Tugend. Dem Illustrator sind seine Bilder im Allgemeinen sehr wohl und durchschnittlich besser als im Morgante gelungen. Eine gewisse Einförmigkeit bringt nur die in fast allen Darstellungen vorkommende Figur des durch die „Reiche" wandernden Autors hervor. Die Kompositonen und die Zeichnung sind oft von grosser Zierlichkeit und Anmut, die xylographische Ausführung durchaus vortrefflich. In den schlanken und wohlproportionierten Gestalten und der Anordnung und Bewegung der Figuren spricht sich die florentinische Kunstweise im Sinne des Botticelli ziemlich bestimmt aus. Den Charakter des Ganzen werden die beistehenden Holzschnitte versinnlichen, von denen der eine eine Scene aus dem „Reiche der Liebe" (Buch I Kap. II), der andere eine Scene aus dem Reiche der Tugend (Buch III Kap. II) darstellen. Der Autor begegnet drei Nymphen, die erschreckt vor ihm fliehen.

Auf einem der Holzschnitte findet sich ein aus einem L. und V. gebildetes Monogramm. Die Verfasser des Kataloges der Bibliothek Huth wollen diese Buchstaben auf Luca Signorelli deuten (Luca di Egidio di Ventura Signorelli). Manche Motive in den Figuren und Gewandungen gemahnen vielleicht entfernt an diesen Meister, seine specifische Charakteristik tritt in ihnen aber meiner Ansicht nach so wenig entschieden hervor, dass man nicht einmal mit Bestimmtheit sagen kann, ob der Zeichner der Bilder zum Quadriregio zu der Richtung des Signorelli in irgend

---

[1]) Fol. A 1. r.: Quatriregio interza rima uolgare che tracta di quatro Reami | cioe del Reame temporale mondano di questo mondo | nel quale Lauctore rimane ingannato dallo Idio del | lamore quatro uolte. Depoi tracta del Rea- | me di Plutone Re dellinferno. Et del | Purgatorio et terzo Reame & | del Paradiso cioe del Reame | della uirtu che-a-el | Quarto. | Fol. A 1. verso: Io Sono. Fol. A 2 r.: Incomincia el Libro intitolato Quatriregio... di Messer Fedrigo... Vescovo della cipta di Fuligno. Fol. R. (I) recto: Finisce ellibro decto el Quatriregio..... Impresso in Firenze adi XXVI. di Luglio M. D. VIII. Ad petitione di Ser Piero Pacini di Pescia. R. 3. verso weiss. 102 Blätter Folio. Das mir bekannt gewordene Exemplar dieser Ausgabe des Quadriregio befindet sich in der Bibliothek Henry Huth in London vergl. The Huth Library. A Catalogue of the Printed Books, Manuscripts, Autograph Letters, and Engravings, collected by Henry Huth. London, Ellis and White 1880. vol. II pag. 555). Ein zweites bewahrt nach einer mir gewordenen Mitteilung die Marucelliana in Florenz.

näherer Beziehung gestanden hat. Aus den Buchstaben L(uca) V(enturi) lassen sich
aber um so weniger weitere Schlüsse ziehen, da Signorelli, wo er überhaupt seine
Werke bezeichnet, in der Regel Lucas Cortonensis und nicht Venturi signierte.

Neben derartigen umfangreichen Bilderserien entstehen in der Arnostadt noch
eine unabsehbare Menge von Illustrationen zu den oft nur aus wenigen Blättern
bestehenden Brochüren und Pamphleten. Bald sind diese Hefte Blatt für Blatt, bald
nur am Anfange und am Schlusse mit je einem Holzschnitt geziert. Von einer derartigen Gruppe meist undatiert herauskommender Drucke, den Traktaten des
Savonarola, war schon vorhin die Rede. Aehnlich diesen werden andere geistliche Schriften, halbgeistliche und weltliche Gelegenheitsdichtungen und volkstümliche
Poesien mit oft überaus reizendem Schmuck an Holzschnitten ausgestattet. Die
meisten von denen, welche wir hier im Auge haben, gehören der Zeit um oder
kurz nach 1500 an.¹) Unter ihnen gewähren eine besonders anziehende und reichhaltige Ausbeute von unserm Gesichtspunkte aus, die vielen florentiner Ausgaben
der sogenannten „Rappresentazione".²)

Das geistliche Drama, die „Sacra Rappresentazione" empfing in Florenz eine
specifische Ausbildung und erreicht daselbst namentlich im XV. Jahrhundert seine
Blüte, wo die öffentlichen Aufführungen der kirchlichen Schauspiele unentbehrlich
zum Glanze der Stadt gehörten. Diese Stücke behandeln alle Stoffe des alten wie
des neuen Testaments und der Heiligenlegende. Aus frommem Eifer und poetischem
Drange verfassen zumeist unbekannt gebliebene Poeten „Rappresentazioni" mitunter
von wirklichem literarischen Wert, und in die Reihe der bedeutendern dieser
dramatischen Dichter, deren Namen überliefert worden sind, wie Feo Belcari und
Pierozo Castellano de' Castellanis, stellt sich auch Lorenzo Magnifico. Gegen das
Ende des XV. Jahrhunderts treten neben den heiligen Gegenständen auch profane
Stoffe auf. Und mit besonderer Vorliebe werden nun auch Scenen der antiken
Mythologie dramatisiert.

Das Interesse an den Rappresentazioni ging im Volke über die theatralische
Aufführung derselben hinaus, wie die vielen gedruckten Ausgaben derselben beweisen.
Ein grosser Teil der vorhandenen Stücke mag wahrscheinlich überhaupt nie zur Auf-

---

¹) Die Titel von einigen der vorzüglichsten derartigen Druckausgaben weltlicher
Dichterwerke mögen hier ihre Stelle finden: Politiano Angelo: „La Giostra di Giuliano
de Medici e la fabula di Orpheo..." (Tit.), darunter ein Ritter zu Pferde. (Dieser Holzschnitt
kommt bereits im Cessole von 1493 vor). A. Ende Stampato in Firenze per Gianstephano di
Carlo da Pavia astaxa (sic) di ser Pietro Pacini da Pescia questo di XV. Dentobre M. D. XIII.
30 Blatt 4°. Einige der darin vorkommenden zum Teil sehr vortrefflichen Holzschnitte
scheinen der Zeit zwischen 1490—1500 anzugehören und mögen vielleicht einer mir nicht
bekannten ältern Ausgabe des Gedichtes des Politiano angehören. — „Canzoni per andar in
maschera per Carnesciale fatte da piu persone". (Florenz vor 1500) 4° (Gamba, Testi di
Lingua 218). Mit einem, musicierende Masken darstellenden sehr schönen Holzschnitt.
„Ballettate de Magnifico Lorenzo de Medici, di Messer Agnolo Politiano" (Florenz um 1500) 4°.
Damba 262. Mit einem, tanzende Mädchen darstellenden Titelholzschnitt. „La Ferza de'
Villani" (Die Ruthe für die Bauern) (Florenz bald nach 1500). 4°. 6 Bl. Mit 2 vortrefflichen
Holzschnitten. „La novella die duo preti et un clerico inamorati duna donna" o. O. u. J.
(Florenz um 1500) 4°. mit zwei fein gezeichneten humoristischen Holzschnitten.

²) Von demselben Meister Holzschnitt: „La Rappresentatione del Re Superbo. In
Fiorenza Appresso Alla Badia. M. DI.XVIII." La Historia di Giasone et Medea, In Fiorenza
Anno 1561. Storia dell Infelice Innamoramento di Gianfiore e Filomena. Stampata in Firenze
nel M. D. LVI Del mese di Novembre.

führung gelangt sein. Die gleichzeitigen Drucke, die in Florenz herauskommen, haben das daselbst für Volksschriften übliche Format von dünnen Quartheftchen. Am Anfang und am Schlusse sind sie gewöhnlich mit je einem Bilde versehen, und nur selten geht dieser Schmuck über eine geringe Anzahl von Illustrationen hinaus. Mit richtiger Wahl erfassen sie gewöhnlich eine gut zu verbildlichende, lebendig angeordnete Scene und führen sie oft mit äussersten Feinheit aus. Mitunter mögen in diese Komposition Erinnerungen an die wirklich stattgehabte Aufführung mit eingewoben worden sein, und vielleicht mögen auch sonst die „Rappresentazioni" mancherlei Einwirkung auf die bildende Kunst gehabt haben, wie ja das geistliche Drama im Norden für den Typus der Kompositionen aus der heiligen Geschichte

Aus der Novella piacevole chiamata la Viola. Florenz um 1500.

von erweislichem Einfluss gewesen ist. Motive zur Anordnung bildlicher Darstellungen mögen die Maler vielleicht mehr als einmal aus den scenischen Aufführungen geschöpft und Stoffe zu ihren allegorischen und mythologischen Kompositionen aus den Dramen geholt haben. Manches was in jenen heute schwer deutbar ist, hat vielleicht in einer der Rappresentazioni seine bisher noch unentdeckte Quelle.

Die Ausstattungsweise mit Illustrationen und das äussere Gewand der gedruckten Ausgaben der Rappresentatione haben in der Zeit mit ihnen die verwandten Gattungen der Volksliteratur, die „Novelle" und „Poemetti" gemeinsam. Wir geben hier die Nachbildung des Titelholzschnittes einer Ausgabe der „Novella piacevole chiamata la Viola".[1] Der Künstler, welcher diesen fertigte, zeichnete sich durch Feinheit und

[1] „Novella piacevole chiamata la Viola, Nella quale si vede una bellissima burla fatta da una Donna chiamata Viola, a tre Giovani suoi inamorati, con due Sonetti, & una Canzone a ballo aggiunti nuovamente nella fine. La quale novella e molto dilettevole, & da ridere". Nuovamente Stampata. O. O. u. J. Nur der eine Holzschnitt.

nur der schönsten von ihnen vermögen wir hier nicht zu geben. Ihre Holzschnitte haben in der Regel das gewöhnliche Format der florentiner Vignetten der neunziger Jahre, und in vielen erscheint die Kunstrichtung des Botticelli deutlich ausgeprägt. Doch lassen sich mehrere Stilweisen darin ziemlich deutlich unterscheiden, die darauf deuten, dass mehrere Hände oder möglicher Weise auch mehrere Xylographenwerkstätten bei ihrer Hervorbringung thätig waren.[1]

So lange bei den fortwährend gemachten Neudrucken dieser Volksbücher die alten Holzstöcke vorhalten und die Abzüge wenigstens den Gegenstand der Darstellung noch irgendwie leidlich erkennen lassen, werden sie bis zur völligen Ausnützung gebraucht. Der einmal beim Volke beliebt und typisch gewordene Stil der Illustration bleibt über jene Zeit hinaus in Geltung, in welcher die Bilder ihre Entstehung gefunden haben. Wie überall, so ist auch hier die populäre Kunst eine treue Erhalterin der alten Formen. Noch am Ende des XVI. und mitunter noch im XVII. Jahrhundert tauchen jene Holzstöcke in den Volksbüchern immerfort wieder auf. Geht aber der alte Schnitt endlich doch gänzlich zu Grunde, so wird er durch einen ihm möglichst ähnlichen neuen ersetzt, wobei die Kopie natürlich stets um Einiges geringer ausfällt, als das Original und bei mehrfachem Abkopieren schliesslich ganz roh und kunstlos wird. Beispiele solcher vier bis fünfmal auf einander folgender Kopierungen lassen sich öfter nachweisen. So z. B. in den vielen Ausgaben der „Forza de' Villani" u. a. m. Häufig sind in den im XVI. Jahrhundert gedruckten Ausgaben der alten Volkspoesien alle Sorten von Holzstöcken durcheinander gemischt, gute Schnitte der Blütezeit, schlechte Nachschnitte alter Vorlagen und ganz rohe neu gemachte Stücke.

In den vorerwähnten späten Drucken der Volksbücher mit ihren alten Holzschnitten lebt zwar die Wirksamkeit des florentiner Quattrocento noch zu einer Zeit fort, als seine Kunst für die übrige Welt nur noch zu den historischen Erinnerungen gehörte, aber schon kurz nach dem Anfange des XVI. Jahrhunderts finden die vervielfältigenden Künste keine eigentliche Stätte der selbstständigen Uebung und Pflege mehr in Florenz. Venedig beherrscht in dieser Zeit dieses Gebiet; und namentlich der Holzschnitt und die Produktion illustrierter Druckerwerke konzentriert sich so vollständig daselbst, dass die weitere Entwickelung der italienischen Xylographie fast ausschliesslich unter dem Einflusse der venezianischen Kunstrichtung stattfindet. In Florenz wären dann nur noch vereinzelte Erscheinungen zu verzeichnen, die sich ausser selten über das handwerkliche Mittelmässigkeit erheben. Nur in der kurzen Epoche von 1490 bis etwa 1510 scheint es in Florenz Xylographenwerkstätten gegeben zu haben, in denen der specifische Charakter der florentiner Schule lebendig wirksam wurde und in origineller Weise zum Ausdruck gelangte.

In der Florentiner Xylographengruppe haben wir eine Schule kennen gelernt, die sich zu bemerkenswerter Eigenart entwickelt, aber fast ausser Zusammenhang mit

---

[1] Die Magliabecchiana in Florenz und die Bibliothek des Britischen Museum besitzen reiche Sammlungen der verschiedenen Ausgaben der „Rappresentationi". — Für die Literatur derselben siehe Colomb de Batines: Bibliographia delle antiche Rappresentationi italiane sacre & profane., Stampate nei Secoli XV. & XVI. Firenze 1852, 8°. — d'Ancona, Aless.: Sacre Rappresentazioni di Secoli XIV, XV. e XVI Firenze 1872. 3 Bnde. 8°. — Ders. Origini del Teatro in Italia. Fir. 1877. 2 Bnde. 8°.

der Ausübung dieser Kunst im übrigen Italien bleibt, und schon nach kurzer Zeit beinahe spurlos wieder verschwindet.

Lebenskräftiger erweist sich der Holzschnitt im oberen Italien, wo ihm, vor Allem in Venedig, eine ausserordentlich fruchtbare Pflege zu Teil wird. Hier tritt die Xylographie in wirksame Beziehung zur Malerei und wird zu einem selbständigen, blühenden Kunstzweige. Ein umfangreicher Betrieb macht den Holzschnitt in Venedig und teilweise auch an andern Orten Oberitaliens ähnlich wie in Deutschland zur volkstümlichen Kunst, er wird zur Herstellung einer Menge von Einzelblättern bildlicher Darstellung geistlichen und weltlichen Inhaltes und nicht minder häufig auch zur Ausschmückung der gedruckten Bücher verwendet. Neben der Venetianer Holzschnittschule entstehen andere kleine Lokalschulen.

Unzweifelhaft geht die Entwicklung des oberitalienischen Holzschnittes vielfach unter deutschem Einfluss vor sich. Deutsche gedruckte Bilderwaare kam als Handelsartikel schon früh im XV. Jahrhundert nach Venedig, wie das 1441 von der Signoria erlassene Verbot der Einfuhr deutscher Spielkarten beweist. Deutsche Drucker waren in Oberitalien überall in grosser Zahl thätig, und wir dürfen annehmen, dass mit diesen deutsche Holzschneider dorthin gelangten, wenn wir auch von solchen nur in wenigen Fällen bestimmte Kunde erhalten. Namen wie Johannes de Francfordia, Jacobus von Strassburg, Jacob Walch bezeugen die Herkunft ihrer Träger. Die Holzschnitte und Stiche Dürer's werden bald nach ihrem Erscheinen in Venedig und anderwärts nachgeahmt. Als ein blosser Ableger des deutschen Holzschnittes ist jedoch der norditalienische keineswegs zu betrachten. Die italienischen Zeichner und Holzschneider treten an ihre Aufgabe, sobald sie sich mit den Bedingungen der neuen Technik vertraut gemacht haben, alsbald selbständig heran und verstehen es, den Holzschnitt ihrer Kunstrichtung gemäss zu stylisieren. Auch die deutschen Xylographen in Italien, wie etwa die vorhin genannten, gehen beinahe gänzlich in der Eigenart des Landes auf, in dem sie arbeiten. Nachahmungen der fremden Weise treten uns im italienischen Holzschnitt weit weniger entgegen, als im italienischen Kupferstich.

Charakteristisch für die oberitalienische Xylographie in der Epoche, die uns hier beschäftigt, ist, dass der Holzschnitt vorwiegend verwendet wird um eine einfache Umrisszeichnung ohne Licht und Schattenwirkung darzustellen. Diese Art der Behandlung, der Konturschnitt, gelangt besonders in Venedig zur Ausbildung und zum Teil zu hoher Vollendung, bei welcher die Feinheit der Vorzeichnung und die Vollkommenheit der technischen Ausführung auf gleicher Stufe stehen.

Der Typus des Konturschnittes bleibt geltend, bis kurz nach 1500 die koloristischen Tendenzen der späteren Venetianischen Kunst auch für die Xylographie eine neue Richtung anbahnen. Das Bestreben, mit der Holzplatte eine grossräumige, effektvolle Wirkung zu erzielen, führt zur baldigen Beseitigung der älteren scharf pointierenden, nur für kleine Dimensionen und zarte Durchbildung berechneten Weise, welche dem Stile des Mantegna und Bellini entsprach.

Gleich die frühesten datierbaren oberitalienischen Holzschnitte sind in reiner Konturmanier ausgeführt. Es sind dies die Illustrationen, welche sich in dem 1472 in Verona gedruckten Buche des Valturio „De Re Militari" finden. Das Buch ist das erste Druckwerk der Veroneser Presse, und mit Emphase rühmt sich in der Schlussschrift der Drucker „Johannes", der erste Typograph seiner Vaterstadt zu sein.[1]

---

[1] Valturio, Roberto: De Re Militaria, s. F.: Johannes ex verona oriundus: Nicolai cyrugie medici filius. Artis impressorie magister hunc de re militari librum elegantissimum:

Wirklich durfte er mit berechtigtem Stolz auf seine Leistung blicken. Sie ist ein Meisterstück der Typographie, mit ihrer, wenn auch nicht ganz korrekten, so doch harmonischen und schön angeordneten Antiqua-Type, einem herrlichen festen Papier; und nicht zum Mindesten gut sind die Holzschnitte, mit denen das Werk versehen ist.

Diese Schnitte stellen zwar meistens nur Kriegsmaschinen in nackter Linearkonstruktion dar, aber diese Konstruktionszeichnungen sind so klar disponiert und haben so freie und sichere Linienzüge, dass sie fast an die ähnlichen Meisterzeichnungen

Aus Valturius „De Re Militari". Verona 1472.

Lionardo's erinnern. Auf nicht geringerer künstlerischer Höhe stehen die wenigen menschlichen Figuren, geharnischte Krieger u. dergl. und die Zugtiere der Kriegswagen, die hie und da vorkommen. Dabei ist die xylographische Ausführung so vollkommen, dass sie der Vortrefflichkeit der Vorzeichnung kaum Eintrag gethan haben wird. Die Schwierigkeiten, mit denen die alte Langholztechnik zumal in den ersten Zeiten bei Wiedergabe einfacher gerader Züge zu kämpfen hatte, scheint für die Künstler, die am „Valturio" arbeiteten, kaum zu existieren. Die Linien stehen überall genau in ihrer perspektivischen Lage, die Ecken treffen rein und scharf aufeinander. Ver-

litteris et figuratis signis sua in patria primus impressit. An. MCCCCLXXII. Fol. (Hain 1847).

gegenwärtigt man sich den Stand, welchen die xylographische Technik um jene Zeit, 1472, im Allgemeinen einnahm, so muss man dieses Buch den merkwürdigsten Dingen anreihen, welche das, mit einer so erstaunlichen Fähigkeit zum Neuschaffen ausgestattete fünfzehnte Jahrhundert hervorgebracht hat.

Roberto Valturio war der Kriegsminister des Sigismondo Malatesta von Rimini, und diesem seinem Herren ist auch das Werk „De Re Militari" gewidmet. Die Drucklegung geschah aber erst acht Jahre nach dem 1464 erfolgten Tode Sigismondo's.

Aus dem Veroneser „Aesop" von 1472.
Fabel XVIII: „Vom Hündchen, Herrn und Esel".

Für den kunstliebenden Hof von Rimini war, wie in früherer Zeit Vittore Pisano, später der Medailleur Matteo de Pastis vielfach thätig, es war daher nahe liegend die Zeichnungen zur Kriegskunst des Valturio dem de Pastis zuzuschreiben, zumal sich ihr Ductus sehr wol mit der Art eines Medailleurs vereinigen liess, der gewohnt ist die Dinge in fest umschriebenen Konturen darzustellen. Wir besitzen keine glaubwürdige Nachricht, dass de Pastis wirklich der Verfertiger jener Holz-

schnitte ist; Maffei behauptet dies in seiner „Verona illustrata", ohne jedoch Quellen
dafür beizubringen.

Das Werk des Valturio spielt weiterhin in der Kriegsliteratur der Epoche eine
bedeutende Rolle und erscheint in vielen Ausgaben, Umarbeitungen und Uebersetzungen. In Verona selbst wird es 1483 aber mit weit geringern Holzschnitten und
in einer andern Offizin gleichzeitig italienisch und lateinisch neu gedruckt (Hain

Aus dem Veroneser „Aesop" von 1479.
Taf. XXXVI: „Von der Dohle die sich mit fremden Federn schmücken wollte".

15848—49). Die Schnitte sind hier weniger fein, mehr malerisch behandelt und zumeist freie Kopien der alten.

Den Illustrationen im „Valturio" nahe verwandte Holzschnitte treffen wir in
einem 1479 in Verona gedruckten „Aesop". Der Text ist hier die in Italien vielver-
breitete Versifikation des Accio Zucco mit dem Beinamen „De Summa Campana".[1]

[1] Zucco Accio: Fabulae Aesopi: fol 1 recto: *D*i Api chio son Esopo . . .
. . . . . . Da Giovanni aluise e da compagni sui
con diligentia bene impresso fui
fol. 2 recto: Accii Zuchi Summa Campanae Veronensis in Aesopi Fabulas Interpretatio . . . etc.

Das typographische Gewand dieses Buches erreicht nicht die Pracht des „Valturio", auch die Schnitte stehen denen dort etwas nach. Es sind meist blosse Konturen, derb, mit hie und da hineingesetzten kräftigen schwarzen Massen, aber lebendig und anziehend wie eine Handzeichnung, weder roh noch flüchtig, sondern mit frischem Humor oft absichtlich nur skizzenhaft hingeworfen. Die Formen, Bewegungen und selbst der Gemütsausdruck der Tiere sind mit Sicherheit erfasst und mit wenigen bestimmten Strichen gegeben. Wie vortrefflich müssen die Vorzeichnungen gewesen sein, die noch im Schnitt so viel Verve behalten haben!

Von dem Schulcharakter der Veroneser Kunst lassen sich, auch da wo menschliche Figuren vorkommen, kaum irgend bestimmte Züge erkennen, unzweifelhaft ist aber, wie schon erwähnt, die Verwandtschaft mit den Holzschnitten im „Valturio" vorhanden. Sie zeigt sich besonders in der Art wie im Aesop Pferde und Rinder gezeichnet werden (Fabel XXXII und XL), die völlig denen ähnlich sind, die im „Valturio" den Kriegswagen ziehen. Dass die Illustrationen in beiden von Werken derselben Hand herrühren, ist sehr wahrscheinlich, zumal beide, wie ich bestimmt glaube, aus derselben Druckoffizin kommen. Die Type des „Aesop" ist identisch mit der des „Valturio", nur erscheint sie im erstern, sieben Jahre jüngern Buch schon stark abgenützt, stumpf und unrein. Dass „Johannes ex Verona", der Typograph des „Valturio", identisch ist mit „Giovanni Alvise", dem Drucker des Aesop, dürfte daher wol anzunehmen sein.

Wenn Matteo de Pastis es war, der die Zeichnungen zum „Valturio" machte, so hat er wol auch den Aesop illustriert. Vermöge ihrer plastischen Klarheit eines Medailleurs nicht unwürdig ist diese Arbeit. Wir kennen leider bis heute keine authentische Handzeichnung von Matteo, wie es nötig wäre, um einen Massstab zur Beurteilung zu besitzen. Wenn solche existieren, so bergen sie sich unter der Menge der anonymen Werke des Quattrocento — aber wie lange hat es gedauert, bis man die Hand des Vittore Pisano entdeckte, und heute kennen wir von ihm schon mehrere hundert Blätter.

Eine gewisse Familienähnlichkeit mit den Tierzeichnungen des Vittore Pisano tritt im Veroneser Aesop hie und da hervor — wer auch immer der Urheber dieser Illustrationen war, er muss ein Künstler von bedeutendem Rang gewesen sein. Wir geben umstehend die Nachbildungen zweier Holzschnitte daraus.

Mit Ausnahme der Schnitte im „Valturio" und im Aesop von 1476 kennen wir keine Werke der Xylographen des XV. Jahrhunderts, deren Ursprung sich mit Sicherheit auf Verona zurückführen liesse.[1] Erst um den Anfang des sechszehnten Jahrhunderts tauchen Einzelblätter auf, welche dartun, dass die Holzschneidekunst in dieser Stadt geübt wurde, und unter dem Einfluss der dortigen Malerei eine gewisse Entfaltung gewann.

Die weitere Ausgestaltung des im „Valturio" und „Aesop" zuerst auftretenden Holzschnittstiles erfolgt aber nicht in Verona, sondern in Venedig. So wenig zahlreich die primitiven Veroneser Produktionen auch sind, so haben sie doch neben ihrem eigenen Wert noch dadurch eine besondere Bedeutung, dass sie vielleicht als

---

[1] In dem Buche: Il Libro degli Huomini famosi copilato per lo Inclito Poeta Miser Francisco Petrarca. Am Ende: Antiquarius istud aere Felix Impressit: fuit Innocens Zileius Adiutor sociusque ... Verona 1476 fol., finden sich beim Anfang eines jeden Kapitels ziemlich einfache Ornamentenfriese, die je ein leeres Feld enthalten, das freigelassen war die Porträte einzumalen. Der Drucker des Buches, der „Antiquarius Felix", ist Felice Feliciano, der vielunternehmende, der dieses Einemal sein Glück mit der Buchdruckerei versuchte.

Vorbilder für die in der Lagunenstadt arbeitenden Xylographen dienten. Der Konturschnitt, die Behandlungsweise, die für die Venetianer Schule so charakteristisch ist und weiterhin dort so meisterhaft geübt wird, ist vielleicht unmittelbar auf Grund der Veroneser Illustrationen der siebziger Jahre in Aufnahme gekommen. Doch hat die Venetianische Xylographie vorerst noch lange Zeit nichts aufzuweisen was sich der geistreichen Faktur der Veroneser Arbeiten an die Seite stellen könnte, und die künstlerische Freiheit und Vollkommenheit der letztern wird in Venedig erst in den neunziger Jahren erreicht.

So wenig wie im übrigen Italien scheint es auch in Venedig vor dem letzten Viertheil des Saeculum professionsmässige Xylographen gegeben zu haben, und wol auch keine Kupferstecher, deren sich die Drucker wie in Florenz (und Mailand) im Notfalle zur Herstellung von Illustrationen bedienen konnten, wenn sie es nicht so machen wollten, wie ihr Ferrareser Genosse, Agostino Carnerio, der die Stellen, an welche in einem von ihm gedrucktem Buche (Hyginus: Astronomicon) Illustrationen hinkommen sollten, einfach weiss lässt zum etwaigen Hineinmalen der Figuren.

„Primus in Adriaca formis impressit aeneis Urbe libros Spira genitus de stirpe Johannes" lautet die stolze Schlussschrift des ersten in Venedig gedruckten Buches des Johann von Speyer, der Briefe des Cicero ad familiares, und in demselben Jahre als dieses erschien, 1469, erlangt „Magister Johannes" vom Senat das Privilegium, dass fünf Jahre lang Niemand ausser ihm dort Bücher drucken oder auswärts gedruckte in Venedig verkaufen dürfe. Johannes geniesst nur kurze Zeit sein wertvolles Vorrecht, er stirbt bald darauf. Nun ziehen ununterbrochen fremde Buchdrucker nach Venedig und bringen ihr Gewerbe zu höchster Entfaltung.

Zunächst Wendelin von Speier, der Bruder des Johannes, dann Christof Valdarfer und der Franzose Nikolaus Jenson.

Karl VII. von Frankreich hatte Jenson 1458 zu Gutenberg nach Mainz gesendet, um die Kunst des Buchdruckens kennen zu lernen, denn der König „curieux de tel tresor" hatte erfahren, dass „messire Guthemberg, chevalier demeurant a Mayence au païs d'Allemagne homme adestre en uilles et de caracter de poinçons avoit mis en lumière l'invention dimprimer, par poinçons et caracteres"[1]).

Vom Nachfolger Karl's VII., von Ludwig XI. wie es scheint, vernachlässigt, übersiedelt Jenson nach Venedig, wo er von 1470 an thätig ist, einer der kunstreichsten Typographen, unübertroffen durch die Schönheit seiner römischen Lettern.

Jenson war Münzstempelschneider gewesen, bevor er sich der neuen Kunst der Buchdruckerei zuwandte, und wol mag es sein früheres Handwerk gewesen sein, was ihn zum Typenschneiden so ganz besonders befähigte. Seine Antiqua-Type wetteifert mit den Schriften des Johann und Wendelin von Speyer, und übertrifft sie an ebenmässiger Schönheit, ja bleibt mustergültig und eigentlich unerreicht bis auf den heutigen Tag. Umso merkwürdiger ist es, dass von 1475 an eine Mode in Venedig aufzukommen vermag, welche die seit Einführung der Buchdruckerkunst in Italien übliche Letternform „alla Antica", die der alten römisch-italienischen nachgeahmte Schrift, verwirft und sich plötzlich für eine gothisierende Type, die man „alla Moderna" oder „forma moderna" nannte, mit fast enthusiastischer Vorliebe zuwendet. Diese als neu angesehene Buchstabenform war in der That lediglich eine Umformung der Buchschrift des vierzehnten Jahrhunderts, nur waren die Züge mit feinem Sinn zu wohl-

[1]) Sardini, G.: Storia critica de Nic. Jenson. Lucca 1796.

thuender Regelmassigkeit gestaltet, rund, dem Auge angenehm, und hatten sich frei gehalten von dem eckigen und spiessigen Wesen der französischen und burgundischen Buchschriften des fünfzehnten Jahrhunderts.

Jenson wird für den Erfinder der Venetianisch-Gothischen Type angesehen, richtig ist indess daran nur soviel, dass er schon in Deutschland wie in Italien im Gebrauche stehende Schriftformen geschmackvoll ummodelte und einrichtete. Die grosse, monumentale runde Schrift, mit welcher der Text in den italienischen Antiphonarien seit dem Beginne des fünfzehnten Jahrhunderts geschrieben wurde, mag ihm ebenfalls teilweise als Vorbild gedient haben.

Ein Zeitgenosse rühmt, dass die Schriften des Nikolaus Jenson deutlicher, klarer und den Augen der alten Leute bequemer seien „apertiores, clarioresque et senilibus oculis commodiores", vergl. Sardini a. a. O.) als die antike Weise. Buchdrucker empfehlen ihre damit gedruckten Bücher ausdrücklich wegen der Annehmlichkeit der Lettern „jucundissimo literarum charaktere"), und vom Drucker Johann von Seligenstadt, der sich ebenfalls der neuen Mode anschloss, sagt der Autor eines bei ihm gedruckten Buches: „durch diese göttliche Schrift übertraf er leichtlich Alle" („divo imprimendi charactere facile supremit omnes").

Die gothische Type gestattet mehr Text auf denselben Raum zu bringen als die Antiqua, sie war, wie wir heutzutage sagen, „mehr compress". Hiermit motiviert Jenson, dass er die Decretalien Gregor's IX. in dieser Weise gedruckt habe. (Quia fortasse fuere nonnulli qui libenter et volunt et cupiunt in breviore volumine ac charactere parvo hoc opus habere et tenere").

Wenn demnach auch äussere und praktische Gründe für die Aufnahme der gothisierenden Type mitwirkten, so waren sie doch nicht allein massgebend, und es kann dabei sehr wol eine Art Reaction gegen die antikisierenden Tendenzen der Renaissancebewegung mit unterlaufen haben. Derartiges ist gerade für Venedig wenigstens nicht undenkbar. Freilich hiebe zu ermitteln, ob diese Erscheinung auf dem Gebiete des Buchdruckes nur ein vereinzelter Fall oder wirklich das Symptom einer momentan vorhandenen Rückströmung gewesen ist.

Für das Gebiet, dass uns hier beschäftigt, hat die gothisierende Bewegung zunächst die Bedeutung, dass sie dem Holzschnitt fördernd entgegenkam. Die Type „alla moderna" hat schon an sich etwas ornamentalen Charakter, sie vereinigt sich daher mit verzierten Initialen, Zierleisten, Vignetten und Bildern ungleich besser als die strenge, alles Nebenwerk abweisende Antiqua. Auch die Kalligraphen und noch thätigen Bücherschreiber der Epoche werden von einer ähnlichen Empfindung geleitet. Sie wenden die lettera alla moderna zumal in solchen Codices an, welche durch Miniaturmalerei eine besonders glanzvolle Ausstattung erhalten sollen. Hiervon ist das von dem berühmten Kalligraphen Ludovico Vicentino für Giulio de' Medici, den nachmaligen Pabst Clemens VII. geschriebene, 1520 vollendete prachtvolle Missale, im Berliner Kupferstichkabinet (aus der ehemaligen Sammlung Hamilton) ein bezeichnendes Beispiel.

Im ersten Jahrzehnt nach der 1469 erfolgten Einführung des Buchdruckes in Venedig findet der Holzschnitt dort noch keine bemerkenswerte Verwendung zur Verzierung der Bücher. Es blieb den Miniatoren vorbehalten, die einzelnen Exemplare mit gemalten Initialen, Randleisten und Verzierungen auszuschmücken, je nach dem Geschmack des Käufers und dem Preise des Exemplares. Wenn man die gedruckten Bücher auch nicht so sorgfältig und kostbar schmückte wie die Pergamenthandschriften, so stattete man doch häufig wenigstens das erste Blatt mit einer reichen Bordüre aus, welcher gelegentlich das Wappen des Käufers eingefügt wird. In den Jenson'schen und anderen frühen Druckwerken sind in der Regel die Initialen am Anfange der Kapitel in rot und blau mit der Hand ausgemalt, seltener geschah es, dass der ganze Band mit Miniaturen versehen wurde.

Waren es wol auch kaum die besseren Künstler, welche solche Arbeiten für die Buchdrucker machten, so gab doch dieses Ausmalen den Miniatoren erwünschten Erwerb zu einer Zeit, als die neue Erfindung ihre Existenz täglich mehr untergrub. Vollends drängte die weitere Entfaltung des Holzschnittes die Mitwirkung der Miniatoren zurück, zumal man in Italien die Holzschnitte in den Büchern nicht zu kolorieren pflegte, wie dies in Deutschland im fünfzehnten Jahrhundert und auch noch später üblich war.

Der erste Drucker, welcher den Holzschnitt in Venedig als typographisches Ornament verwendet, ist der Augsburger Erhard Radolt. Mit zwei Gehilfen oder Geschäftsgenossen, Bernhard „Pictor Augustanus" — wie er sich schreibt — und Peter Loslein von Langenzan (Langenzenn in Baiern) arbeitet Radolt hier von 1476 an, später von 1480 allein bis 1486. In diesem letztern Jahre übersiedelt er wieder nach seiner Vaterstadt Augsburg, wo er bis 1516 thätig bleibt als einer der besten Meister seines Faches.

In seinen Druckwerken repräsentiert Radolt auch in Venedig die gothisch deutsche Richtung, von der vorhin die Rede war.

Das erste datierte Buch, das aus der Presse Radolt's hervorgeht, ist zugleich der erste Venetianische Druck, in dem ein Holzschnitt zur Verzierung verwendet erscheint, abgesehen etwa von der sehr einfachen Druckermarke, deren sich Nikolaus Jenson bedient. Es ist eine 1476 erschienene Ausgabe des in jener Zeit oft gedruckten Kalenders des Johannes (Müller) von Königsberg (Regiomontanus). Die erste Seite zeigt ein überaus zierliches Ornament, Rankenwerk, aus zwei Vasen herauswächst, in italienischem Sinne gezeichnet und in reinem Umriss vortrefflich geschnitten. Weiterhin im Texte sehr gut ausgeführte mathematische Figuren. Neben den Schnitten im „Valturio" sind dies unzweifelhaft die technisch vollkommensten Holzschnitte aus jener Zeit. Ein tüchtiger Zeichner und ein nicht minder gewandter Xylograph müssen zusammengewirkt haben, um Solches hervorzubringen. Der Holzschneider mochte wol einer jener Deutschen gewesen sein, die Radolt nach Venedig mitgebracht hatte.

Mit sichtlicher Vorliebe wendet die Radolt'sche Offizin den Holzschnitt an, obwohl die Literaturzweige welche sie vorwiegend kultiviert, — mathematisch astronomische Schriften und die gangbaren Scholastiker — an sich wenig Anlass zu künstlerischem Schmuck bieten. So muss sich die Verzierung auf Randleisten und Initialen beschränken. Hierin ist aber Radolt als der eigentliche Begründer der weiterhin in Venedig so sehr in Aufnahme gekommenen Ausstattungsart der Bücher. Häufig sind es bei ihm weiss auf schwarzem Grund gehaltene Ornamente, die den Lettersatz von einer oder zwei Seiten einfassen. Zuweilen sind diese Zierleisten direkte Nachahmungen mittelalterlicher Miniatorenornamente nicht selten mit Anklängen an orientalische Muster, die sich auch sonst in Venedig häufig finden.

In einer andern Gruppe Radolt'scher Drucke sind die Illustrationen gering und schlecht, vollständig deutsch im Stile und unterscheiden sich in Nichts etwa von den ordinären gleichzeitigen Augsburger Holzschnitten. Dies ist namentlich in den Werken die bei ihm nach 1480 herauskommen der Fall, so in einer Ausgabe des „Fasciculus Temporum" von 1480 (Hain 6918) und einem Hyginus: „Poeticon Astronomicum" von 1482 (Hain 9062).

Das erstere, vor 1500 mehr als zwanzigmal an verschiedenen Orten aufgelegte Buch des Karthäusermönches Walter Rolewink, ist eine Art übersichtlicher Weltchronik, zur Unterstützung des Gedächtnisses der Leser mit kleinen schematischen Abbildungen der merkwürdigsten Begebenheiten und Oerter ausgestattet. Die Holzschnitte sind in allen Ausgaben einander ähnlich, ganz kunstlos und unterscheiden sich auch in der Radolt'schen (Venetianischen) in keiner Weise von den anderwärts gemachten. Nicht besser sind die im erwähnten „Hyginus".

Von 1480 erscheint Radolt allein in den Schlussschriften seiner Bücher. Vielleicht ist die Trennung von seinen frühern Genossen, Bernhard Pictor und Peter Loslein, die Ursache des künstlerischen Rückganges seiner Offizin.

Bei Radolt treffen wir früher als irgendwo sonst in Italien polychromen Druck mit mehreren Holzplatten. In einigen seiner astronomischen Werke sind die Figuren zweifarbig gedruckt und sein Druckerzeichen ist gewöhnlich in rot und schwarz ausgeführt. Dieses Signet stellt Merkur in einem Wappenschild, stehend, mit dem Schlangenstab in der Hand dar. Dass die nackte Figur mit den einander geschlungenen Schlangen wirklich jenen antiken Gott versinnlichen soll, wird freilich erst klar, wenn man sie mit gleichzeitig in Deutschland üblichen Planetenfiguren, z. B. mit dem Merkur im xylographischen Planetenbuch von 1468 vergleicht.

Der in Venedig thätige Maler, Kupferstecher, Holzschnittzeichner (und vielleicht auch selbst Holzschneider?) Jacob Walch — Jacopo de' Barbari —, mit dem wir uns noch weiterhin zu beschäftigen haben werden, führt ebenfalls den Merkur und den Merkurstab als sein Zeichen. Hat Walch etwa in Beziehung zu Radolt gestanden und nach der Auflösung von dessen Offizin vielleicht die Marke mit dem Merkur beibehalten? Der Zeitfolge nach wäre dies nicht unmöglich, wenn auch nicht mehr als diese Möglichkeit hier angedeutet werden soll.

Das Drucken mit mehreren Farben üben ausser Radolt in dieser Zeit oder bald nachher noch andere Venetianische Werkstätten, zunächst ein Deutsch-venetianischer Typograph, Johann Hamman, „dictus Hertzog" aus Landau. In einem 1490 aus seiner Presse hervorgegangenen Werk über die Verwandtschaftsgrade[1]) finden wir das zwei Grossfolioseiten einnehmende Schema einer Stammtafel als Baum mit Blättern gezeichnet, welcher nach der bekannten Weise des Baumes Jesse aus einer auf dem Boden liegenden männlichen Figur herauswächst. Die Gestalt und namentlich der Kopf dieser Figur von energischer Zeichnung, das Ganze, trotz des so sehr unkünstlerischen Gegenstandes, nicht ohne Geschmack ausgeführt. Die Figur ist in brauner Farbe, die Blätter grün, die Schrift rot gedruckt.[2])

In diesen und ähnlichen um diese Zeit auftauchenden Versuchen ist das Prinzip des Farbenholzschnittes, des Clairobscure, bereits vollständig enthalten. Wahrscheinlich knüpft die spätere Ausbildung der Farbenholzschnitt-Technik, die in Deutschland

---

[1]) Monibus, Johannes Crispus de: Repetitio tit. institutionum de heredibus . . . . . etc. Am Ende: Impressum Venetiis impensis atque diligentiori cura Johannis hamman de Landois Alemani dicti Hertzog. 1490 Fol. (Hain 11607).

[2]) Das der vorstehenden Beschreibung zu Grunde liegende Blatt befindet sich im Berliner Kupferstich-Kabinet. In einem im Handel befindlichen Exemplar des Buches, das ich sah, war der ganze Stammbaum nur schwarz gedruckt.

und Italien im Anfange des sechzehnten Jahrhunderts erfolgt, an diese Versuche an, und wäre demnach nur die Vervollkommnung eines in seinen Grundzügen schon lange gekannten Verfahrens.¹)

Eine Tradition vindiciert die Erfindung des Clairobscure dem im Anfange des sechzehnten Jahrhunderts in Venedig thätigen Holzschneider Ugo da Carpi. Vielleicht ist daran so viel richtig, dass die zur Zeit Ugo's in Venedig noch vorhandene Kenntniss des Druckens mit mehrern Farbenplatten das weitere Vorgehen ihm ermöglichte, nachdem durch die deutschen Farbenholzschnitte des Wuechtlin und Burgkmair die Anregung zur malerischen Behandlung dieser Technik gegeben war.

Aus Joh. Crispus de Montibus: „Repetitio" etc. Venedig 1490.

Aehnlich wie in Nürnberg der Holzschnitt zuerst an der 1493 erscheinen-

---

¹) Im Fust und Schöffer'schen Psalter von 1457 sind allerdings die grossen Initialen in zwei Farben, rot und blau, höchst kunstvoll gedruckt, aber das Verfahren hat nichts mit der eigentlichen Clairobscure gemein. Die Eigentümlichkeit dieser letztgenannten Weise besteht darin, dass die verschiedenen Holzstöcke mit den verschiedenen Farben nacheinander auf das Papier abgedruckt werden, das Blatt also so vielemal die Presse zu passieren hat, als Farben darauf aufgetragen werden sollen. Bei dem Farbdruck, den Fust und Schöffer anwenden, werden jedoch sämmtliche Farben in Einem Durchgang durch die Presse aufgedruckt. Die verschiedenen Stöcke, welche den verschiedenen Farbpartien entsprechen, werden je separat eingefärbt, und dann so ineinander und in die Druckform eingeschachtelt (Emboîtage). Die Ausführungsart im Psalter von 1457 gestattete auch nur das Nebeneinandersetzen der Farben, nicht aber das teilweise Decken und Uebergreifen der Farbenfelder, und hätte an sich nie zum malerischen Clairobscure führen können.

6*

den Chronik des Humanisten Hartmann Schedel seine Eignung und seinen Beruf
erweist, den vielseitigsten Zwecken zu dienen, und wie in Nürnberg der Aufschwung
der Holzschneidekunst wesentlich von diesem grossartigen Unternehmen der Drucker-
firma der Koburger datiert, so ist auch in Venedig eine Weltchronik das erste umfangreiche Buch, in welchem die xylographische Illustration im Dienste weltlichen
Wissens debütiert.

Die lateinische Weltchronik des Bergomenser Augustinermönches Johannes
Philippus Foresti, gewöhnlich genannt „Bergomensis", (geb. 1434) erscheint mit
Illustrationen versehen zuerst 1486 (Hain 2805), nachdem schon vorher zwei Ausgaben ohne Bilder, eine in Venedig 1483 (Hain 2405) und eine Art Nachdruck 1485
in Brescia (Hain 2806) herausgekommen waren.

Sein verständig kompiliertes Buch benennt der Autor „Supplementum Chroni-

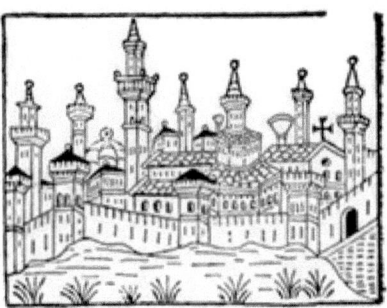

Ansicht von Florenz im „Supplementum Chronicarum" von 1486.

carum", weil er damit eine Berichtigung und Ergänzung der schon vorhandenen
Chroniken geben will. In der That scheint er nicht geringen Fleiss auf seine Arbeit
verwendet zu haben, er bessert und verändert daran in den verschiedenen Ausgaben,
und diese Sorgfalt überträgt sich auf die Illustrationen. Der Drucker war ein Landsmann des Verfassers, der in Venedig vielthätige Bernardino de Benalis.

Wie in der Schedel'schen Chronik — deren Vorbild übrigens das „Supplementum" wie ich meine war — sind dem Texte Bilder der merkwürdigsten Städte eingefügt, ausserdem am Anfang einige Darstellungen aus dem alten Testament. Diese
letztern erscheinen in der Ausgabe von 1486 ziemlich gut gezeichnet aber noch un-
behilflich geschnitten, später werden sie durch bessere ersetzt. Die Städteansichten,
die zuerst ganz kunstlos sind, werden ebenfalls vielfach später verbessert. Sie
gewinnen, wie wir sofort sehen werden, ein ganz besonderes Interesse dadurch,
dass sie offenbar Kopien von Stadtprospekten sind, ähnlich dem von Florenz,
welchen wir kennen gelernt haben, und dass sich mit Wahrscheinlichkeit ergiebt,

dass schon vor 1500 derartige Veduten von verschiedenen italienischen Städten existirt haben müssen.

Zumeist sind allerdings die Städtebilder im Supplementum Chronicarum blosse Phantasieschöpfungen, oder richtiger gesagt, sie dienen lediglich als schematische Zeichen, welche an den Anfängen der Kapitel stehen und da augenfällig andeuten sollen: Hier ist von einer merkwürdigen Stadt die Rede. Es sind ein paar Thürme von einer Mauer umschlossen, oder ein ähnliches Stadtgebilde am Meere, auch wiederholen sich — wie in der Schedel'schen Chronik — dieselben Stöcke bei verschiedenem Städten.

Im Druck des „Supplementum" von 1486 macht hiervon nur „Genua" und „Venedig" eine Ausnahme. Der Genua vorstellende Holzschnitt ist grösser und besser als die übrigen und hat in der Anordnung des Hafens und in dem Aufbau

Ansicht von Florenz im „Supplementum Chronicarum" von 1490.

der Stadt dahinter unverkennbare Naturähnlichkeit. Ein paar Blätter weiter ist freilich derselbe Holzstock wieder für Rom benutzt! Venedig wird durch eine ganz primitive Ansicht des Dogenpalastes veranschaulicht, auf der sogar die beiden den Markuslöwen und den h. Georg tragenden Säulen auf der Piazzetta fälschlich rechts statt links vom Dogenpalast erscheinen. Diese augenfällige Unrichtigkeit rührt daher, dass selbst diese in Venedig gemachte Abbildung des hauptsächlichsten Venetianischen Gebäudes nicht nach der Wirklichkeit oder wenigstens aus der Erinnerung gemacht, sondern nur nach einem kleinen elenden Holzschnitt im „Fasciculus Temporum" von 1481 (Venedig, Ratdolt) gegenseitig kopiert ist. Bezeichnend für die Art, wie die Illustratoren verfuhren.

Weitaus besser sind die Illustrationen in der Ausgabe des „Supplementum" von 1490, welche zunächst auf die von 1486 folgt. Das Buch selbst hat der Verfasser inzwischen vielfach umgearbeitet, die Zeitereignisse der letzten Jahre nachgetragen, und für die Abbildungen lag augenscheinlich reichlicheres und besseres Material vor.

Es ist gar nicht daran zu denken, dass etwa Künstler beauftragt wurden, Städteansichten eigens für die Chronik zu fertigen. Eine solche umständliche Art des Vorgehens entsprach nicht den Gewohnheiten der Illustratoren des „Supplementum"; Naturaufnahmen waren nicht ihre Sache, Alles ist Werkstattarbeit. Selbst wenn ihnen die Originale noch so nahe liegen, wie der Dogenpalast, greifen sie zu einem mangelhaften Vorbilde, sie nehmen lediglich kompilierbares, fertiges Material.

Während in der Ausgabe von 1486 „Florenz" durch einen schematischen Holzschnitt repräsentiert war, der dort gleich auf der nächsten Seite auch für „Bologna" figurierte, so ist hingegen das „Florenz" der Ausgabe von 1490 schon ein richtiges, naturgetreues, kleines Bild, das die Lage der Stadt am Flusse und die Situation des Domes dürftig genug, aber im Allgemeinen doch korrekt giebt. Wenn wir diese Abbildung näher betrachten, so können wir nicht zweifeln, dass dem Zeichner die grosse Holzschnittansicht von Florenz vorgelegen hat, dieselbe, die drei Jahre später die Illustratoren der Schedel'schen Chronik kopierten. Im grossen Holzschnitt, im „Supplementum" von 1486 und in der Chronik von 1493 ist die Stadt überall von demselben Punkt aus gesehen; ohne Zweifel war der erstgenannte das den beiden andern zu Grunde liegende Original.

„Venedig" ist in der 1490er Ausgabe des „Supplementum" durch eine nunmehr ganz richtige, in verhältnismässig grossem Massstab gut ausgeführten Ansicht des Dogenpalastes mit der Piazzetta repräsentiert. Für diese war, wie ich glaube, der grosse Prospekt massgebend, welchen die 1486 zu Mainz erschienenen „Peregrinationes" des Bernhard Breydenbach enthalten.

Das Kapitel „Verona" hat ebenfalls statt der Phantasiestadt der 1486er Ausgabe ein neues besseres Bild erhalten, auf dem das Amphitheater und die Lage der Hauptgebäude richtig gegeben sind. Die Quelle für diese Vedute ist uns dermalen allerdings noch unbekannt.

Besonders merkwürdig ist die Ansicht von Rom, welche in der 1490er Ausgabe des „Supplementum" zum ersten Male vorkommt. In der 1486er Ausgabe mussten sie, wie vorhin erwähnt, die Herausgeber des „Supplementum" mit dem Holzschnitt „Genua" auch für Rom behelfen, 1490 stand ihnen aber schon eine Naturaufnahme zu Gebot. Der Holzschnitt „Rom" in dieser Ausgabe von 1490 ist aber der älteste malerische Prospekt der Stadt, den wir kennen.

In dem grossen Werke von De Rossi „Die Pläne und Prospekte Rom's" ist diese Vedute von 1490 nicht erwähnt, sie scheint dem Autor entgangen zu sein.[1])

Als früheste malerische Ansicht der Stadt führt de Rossi den Holzschnitt bei Hartmann Schedel an. Nach de Rossi geht die Abbildung in der Schedel'schen Chronik auf eine ältere Aufnahme zurück, welche wir zwar selbst nicht kennen, von der sich aber eine spätere Kopie in einer grossen Temperamalerei im Museum zu Mantua erhalten hat. Dieses über zwei Meter lange und etwa einen Meter hohe Panorama scheint, einer darauf befindlichen teilweise zerstörten Inschrift zufolge, das Werk eines sonst unbekannten Mantuaner Künstlers Solanzio Rusconi zu sein. Dass die Malerei jedoch nicht vor 1534 entstanden ist ergiebt sich daraus, dass auf ihr die Statuen der hh. Petrus und Paulus sichtbar sind, welche in dem genannten Jahre auf dem Parapet der Engelsbrücke an der linken Uferseite aufgerichtet wurden. Die

---

[1]) Rossi, G. B. de: Piante icnografiche e prospettiche di Roma anteriori al secolo XVI. Roma 1879. 4° u. fol.

Abbildung bei Hartmann Schedel zeigt den ältern Zustand der Brücke mit zwei kleinen kuppelartigen Häuschen an der Stelle der spätern Statuen. Genau so hat es auch die Ansicht im „Supplementum".

De Rossi scheint sich der Meinung zuzuneigen, dass das Mantuaner Bild nach einer älteren Originalaufnahme kopiert sei, und der Kopist die inzwischen eingetretene Veränderung an der Engelsbrücke eingetragen, die Illustratoren der Schedel'schen Chronik aber nach jenem alten Original ihre Abbildung gemacht, oder genauer aus-

Ansicht von Rom im „Supplementum Chronicarum" von 1490.

gedrückt, ein Stück aus dem alten Panorama entnommen hätten, denn der Nürnberger Holzschnitt zeigt nur die Partie von der Porta del Popolo zum Colosseum, das Mantuaner Gemälde aber den ganzen Umfang der Stadtmauer und darüber hinaus einen Teil der Campagna. Den Urheber jenes verlorenen Originals möchte de Rossi in dem seinem wahren Namen nach unbekannten Maler vermuten, welcher unter dem Pseudonym „Prospectivo Milanese Depictore" im XV. Jahrhundert ein Gedicht auf Rom verfasste.[1]

[1] Das einzige bekannte Exemplar des oben undatierten Druckes dieses Gedichtes bewahrt die Bibliothek von Monte Cassino (Vergl. Govi, Gilberto: Atti della Real Academia

Die Abbildung der Nürnberger Chronik sowohl wie die des „Supplementum" umfassen genau dasselbe Stück der Stadt, vom selben Punkt aus gesehen; dass beide nach derselben Vorlage gearbeitet sind, scheint mir gewiss. Die Abweichungen im Einzelnen sind bei der flüchtigen Art der Ausführung dieser Illustrationen verhältnissmässig unwesentlich, so verschieden auch die Holzschnitte in ihrer Physiognomie sich darstellen. Die Entstehung des von de Rossi vermuteten Originals wird durch die Existenz der Kopie im „Supplementum" vor 1490 hinaufgerückt. Ich möchte aber vermuten, dass jenes unbekannte der Schedel'schen Chronik wie dem „Supplementum" zu Grunde liegende Original kein nur in Einem Exemplar existierendes Gemälde, sondern ein Werk der vervielfältigenden Kunst, ein Kupferstich oder Holzschnitt gewesen sei; denn nur mit Material, das leicht erhältlich und zugänglich war, haben sich die Dutzend-Illustratoren und Bilder-Kompilatoren der Chroniken befasst. Jene Kupferstich- oder Holzschnitt-Ansicht von Rom, die wir uns vielleicht ähnlich der von Florenz in bedeutendem Grade korrekt und genau vorstellen dürfen, wird wahrscheinlich auch nicht mehr Terrain enthalten haben, als das „Supplementum" und Hartmann Schedel geben; daher die Uebereinstimmung in diesen beiden. Vielleicht ist ferner die Mantuaner Malerei nur eine spätere vergrösserte Kopie und Erweiterung des alten nur einen Teil des Stadtumfanges gebenden gedruckten Blattes.

Aus den „Decretales" Innocenz' IV.
Venedig 1481.

Wenn es gestattet ist die Hypothese noch weiter zu führen, so liesse sich aus den vielen und feinen Details der Ansicht von Rom im „Supplementum" und selbst aus dem Charakter des Holzschnittes der Schedel'schen Chronik vermuten, dass das beiden zu Grunde liegende Original kein Holzschnitt sondern ein Kupferstich war. Erinnern wir uns an die meisterhaft gestochenen Landkarten des Conrad Sweynheim und Arnold Bucking im römischen „Ptolomaeus" von 1478, so lässt sich absehen, dass es an Händen, die gar wohl im Stande waren einen Prospekt der Stadt anzufertigen, um jene Zeit in Rom wenigstens nicht fehlte. Vielleicht hat ein günstiger Zufall ein Exemplar des alten Blattes mit der Ansicht von Rom in irgend einem bisher übersehenen Winkel erhalten. Da in der Ausgabe des „Supplementum" von 1486 das „naturgetreue" Rom noch nicht vorkommt, so dürfen wir annehmen, dass das Originalbild dazu zwischen 1486 bis 1490 entstanden ist.

de Lincei. Tom. 3. Ser. II. 1876. 4°). Es scheint der Type nach mailändisch zu sein und stammt jedenfalls noch aus dem XV. Jahrhundert. Am Anfange findet sich darin ein Holzschnitt, eine nackte männliche Gestalt, geometrische Figuren auf dem Boden mit dem Zirkel absteckend, den Hintergrund bilden antike Gebäude. Der gut gezeichnete und ziemlich gut in Konturen ausgeführte Holzschnitt scheint ebenfalls auf mailändischen Ursprung hinzudeuten. (Reproduziert bei Govi a. a. O.)

Eines der frühesten Beispiele des die Veroneser Weise nachahmenden reinen Konturschnittes treffen wir als künstlerische Beigabe an einer Stelle, wo man eine solche schwerlich vermuten möchte, in der 1481 erschienenen Ausgabe der Dekretalien Innocenz IV., einem mit Jenson'scher forma-moderna-Type von Johann von Seligenstadt prächtig gedruckten Buche (Hain 9192). In das voranstehende Register hat der Drucker, es ist nicht recht ersichtlich zu welchem Zweck, eine allegorische Figur mit einer Lilie in der Hand eingeschaltet, die hier zur Veranschaulichung der Anfänge der Venetianischen Konturmanier seine Stelle finden mag.

Verwandter Art sind die „Triumphe" des Petrarca, 1488 von Bernardino (Rizio) de Novaria (Hain 12770) gedruckt. Die Vorzeichnungen zu den Darstellungen der sechs Triumphe hat offenbar ein tüchtiger Künstler entworfen. Sie sind mit Geschicklichkeit

Aus den „Devote Meditatione". Venedig 1487.

in das hohe schmale Folioformat gebracht. Der Zeichner lässt die allegorischen Wagen und die sie umgebenden Figuren in natürlicher Anordnung schräg vom Hintergrund aus nach Rechts vorne an dem Beschauer vorüber ziehen; der Schnitt entbehrt jedoch noch der Rundung und Ausgeglichenheit und giebt die schöne Vorzeichnung wahrscheinlich doch nur unvollkommen wieder. Geschmackvolle Ornamenteinfassungen, weiss auf schwarzem Grund, umgeben die Darstellungen.

Bis gegen das Ende der achtziger Jahre scheint der Holzschnitt in Venedig, wenigstens in soweit wir aus den datierbaren Illustrationen der Bücher zu urteilen vermögen, mehr eine nur wie gelegentlich ausgeübte Fertigkeit als der Gegenstand eines regelmässigen Kunstbetriebes gewesen zu sein. Erst von da an gewinnt die Venetianische Xylographie den Charakter einheitlicher Schulrichtung. Zu den Holzschnittwerkstätten, welche jetzt in den Vollbesitz technischer Tüchtigkeit treten,

gesellen sich künstlerisch geübte Vorzeichner, welche den Stil der Venetianischen
Malerei mit den Ausdrucksmitteln, welche die Holzplatte bietet, auf das Glücklichste
zu verbinden wissen. Bald wird die Produktion überaus reich und mannigfaltig.

Es ist bemerkenswert, dass die eigentliche typographische Schönheit der Bücher,
die in der Feinheit und dem Ebenmass der Typen und der Vollkommenheit des
Druckes besteht, sich nicht mehr auf der Stufe erhält, welche die Prototypographen
Venedigs zwanzig Jahre früher erstrebt und eingenommen hatten. Anstatt jener tritt

Aus der Malermibibel, Venedig 1493
Buch Judith Cap. X

Aus der Malermibibel
Maccabäer Buch I. Cap. X

jetzt der Zierschmuck mit Randeinfassungen, Initialen und Holzschnitten mehr in den
Vordergrund, während die Arbeit der Letternpresse sorgloser und weniger gut wird.

An der Erbschaft des Brüderpaares Johann und Wendelin von Speyer, den
Büchern lediglich durch die Schönheit und Austeilung der Schrift den Stempel
strenger und vornehmer Pracht zu erteilen, hält fast allein nur Aldus Manucius fest.

Von der Menge der mit Holzschnitten illustrierten Bücher, welche die Venetianischen Pressen in dem kurzen Zeitraum von 1490 bis um 1500 hervorbringen,
können wir hier nur eine Anzahl hervorheben.

Es lassen sich etwa zwei Arten von Illustrationen unterscheiden: Kleine Vignetten, die dem Text eingefügt sind, und ursprünglich, wie ich meine, vorwiegend als Hilfsmittel zur leichtern Orientierung im Buche dienen sollten, und grossräumigere Holzschnitte, welche in dem Druckwerk einen mehr rein künstlerischen Schmuck bezwecken.

Die Weise, die Bücher mit zahlreichen, oft winzig kleinen Holzschnitten zu illustrieren, kommt, wie es scheint, zuerst in Venedig auf und giebt einer Gruppe

Aus der Malermi-Bibel.
Hoseas Cap. I.

Aus der Malermi-Bibel.
Illustration zum XCVII. Psalm: „Cantate al Signor el nuovo Canto..."

Venetianischer Druckwerke ein eigentümliches Gepräge. Von Venedig aus wird die Vignette nach Deutschland übernommen, wo sie der jüngere Holbein, Hans Sebald Beham und Albrecht Altdorffer künstlerisch pflegen. Weiterhin wird die Vignetten-Illustration förmlich monopolisiert in Lyon durch Bernhard Salomon und seine Nachahmer. Die Venetianischen Vignettisten sind die Vorläufer und vielleicht geradezu die Muster der deutschen und französischen Kleinmeister.

Die Reihe der Vignettenillustrationen eröffnet ein kleines, 1469 herauskommendes

Büchlein: „Devote Meditazione sopra la Passione del N. S."[1] Eilf reizend fein gezeichnete und frei und sehr vollkommen geschnittene Holzschnitte, Darstellungen der Passionsgeschichte, ganz venetianisch im Stil und der Kompositionsweise schmücken das Quartbändchen, das heute fast unauffindbar geworden zu sein scheint. Das einzige mir bekannt gewordene Exemplar davon bewahrt die Bibliotheca Nazionale in Florenz. Die vorstehende Probe einer der Schnitte wird die weitere Beschreibung unnötig machen.

Gleich das folgende Jahr 1490 bringt eines der reichhaltigsten Vignettenbücher, die erste Ausgabe der italienischen Bibelübersetzung des Nicolaus de Malermi,[2] gedruckt von Giovanni Ragazzo für den Verlag des Lucantonio da Giunta (Hain 3136). Sie ist durchaus mit kleinen Bildern ausgestattet, welche gewiss vorwiegend den Zweck hatten, das Einprägen der Namen im Gedächtniss und das Wiederauffinden einer Stelle im Buche zu erleichtern, wie dies in einer für die Nichtgelehrten bestimmten Bibelübersetzung ganz besonders am Platze war; dem Künstler ist es aber gelungen, in diesem engen Rahmen eine Reihe der graziösesten Darstellungen zu schaffen. Das Messer des Holzschneiders vermochte zwar nicht in allen Fällen den offenbar sehr feinen Vorzeichnungen zu folgen, namentlich nicht in den winzigen Köpfchen, die oft im Ausdruck verfehlt sind, manche Schnitte gerieten spiessig und eckig, bessere Stücke wechseln mit geringern, doch ist das Ganze auch technisch eine vortreffliche Leistung.

Auf vielen Schnitten findet sich, und meines Wissens hier am frühesten vorkommend, ein aus einem kleinen gothischen b bestehendes Monogramm, welches wir von da an durch mehr als ein Jahrzehnt auf ähnlichen Venetianischen Konturschnitten antreffen.

Thode hat zuerst aufmerksam gemacht, dass die Illustrationen der Malermi-Bibel nach den Holzschnitten der Kölner deutschen Bibel von 1480 kopiert sind (Jahrb. III, S. 117). Die Stöcke der Kölner Bibel sind bekanntlich in der Nürnberger (Koburger'schen) Bibel von 1483 wieder verwendet. Unzweifelhaft hat der italienische Künstler die deutschen Holzschnitte vor sich gehabt, als er seine Bibel illustrierte. Er hat aber keineswegs blos etwa getreu kopiert, sondern überall Figuren anders gestaltet, Gruppen bald vereinfacht bald weiter ausgestaltet, das Format verkleinert, die Kostüme dem italienischen Geschmack angemessen verändert, kurz er hat die kölnischen Bibelillustrationen zwar als bequeme Grundlage für seine Entwürfe benutzt, aber gewissermassen nur ihren erzählenden Inhalt herübergenommen. Dabei hat ihn der enge spiessbürgerliche Ton der gothisierenden Vorbilder nicht gehindert, seine Darstellungen frei und elegant zu fassen. Die überwiegende Mehrzahl der Kompositionen hat er übrigens ganz neu geschaffen, da die Kölnische Bibel nur 110 Illustrationen (die Nürnberger Ausgabe 107, die Malermi-Bibel deren aber, einige wenige Wiederholungen eingerechnet, 383 zählt. Gerade die neu hinzugekommenen sind vielfach die reizendsten und zierlichsten des ganzen Buches.

---

[1] Devote Meditazione sopra la Passione del nostro Signore cavate & fundate originalmente sopra sancto Bonaventura cardinale del ordine minore sopra Nicola de Lira etiam dio sopra altri dottori & predicatori approvati, stampato in Venetia per Matheo di code da Parma nel MCCCCLXXXIX a di XXVII di februario. Der Drucker ist „Mattheo di code ca", Matteo di Capo di Casa aus Parma. Vergl. Fossi, Catalogus II. Sp. 162. Von einer zweiten Ausgabe vom Jahre 1490 befindet sich ein Exemplar im Besitze des Herrn William Mitchell in London.

[2] Mönch von San Michele in Murano, geb. um 1450. Eine italienische Bibel hatte schon 1471 Wendelin von Speyer in Venedig gedruckt.

Aehnlich den Bibel-Codices der Miniaturmaler trägt auch die Malermi-Bibel am Anfang eine blattgrosse Illustration mit den Darstellungen der sieben Schöpfungstage, umrahmt von einer hübschen Renaissancearchitektur. Dieser Bordüre begegnen wir dann häufig noch in Druckwerken Venetianischer Officinen, die Vignetten selbst finden sich in den Bibelausgaben von 1492, 1494 (Hain 3157, 3158) und noch weiterhin öfter verwendet.

Den Versuch, eine illustrirte Ausgabe der Göttlichen Komödie des Dante herzustellen, machte, wie wir gesehen haben, zuerst der florentiner Drucker Nicolaus Lorenz 1481, doch ohne besonderes Glück, denn es gelang ihm nicht, die Anfertigung der Bilder für das ganze Gedicht zu erzielen.*)

Aus der Ausgabe der „Commedia" des Dante von 1481.

Mit mehr Erfolg, aber auch freilich mit geringeren künstlerischen Ansprüchen, hatte ein in verschiedenen Städten Oberitaliens herumziehender Typograph, Bononius de Boninis, eine Folioausgabe der Komödie 1487 in Brescia, mit blattgrossen Holzschnitten veranstaltet (Hain 5948). Die Bilder in dieser Ausgabe sind handwerkliche Xylographenarbeit, schlecht gezeichnet und ebenso ausgeführt. Soweit in der florentiner Ausgabe von 1481 die Illustrationen gehen, nämlich bis zum XIX. Gesang des Inferno, hat sich der Verfertiger der Brescianer Holzschnitte ungefähr an sie gehalten, weiter bildet er seine Darstellungen schlecht und recht allein.

*) Als der zweite der vorliegenden Reihe von Aufsätzen erschien, waren mir die Zeichnungen des Sandro Botticelli zur Göttlichen Komödie und das Verhältniss, in welchem die dem Baccio Baldini zugeschriebenen Stiche der 1482er Dante-Ausgabe zu ihnen stehen, unbekannt. Zur Ergänzung möge deshalb hier auf meinen Aufsatz: Die Zeichnungen des Sandro Botticelli zur Göttlichen Komödie, Jahrb. IV, S. 63, verwiesen werden.

1491 folgen die gemeinsam arbeitenden Venetianer Drucker, Bernardino Benali und Matteo da Parma, mit einer neuen illustrierten Ausgabe der Komödie. Die Bilder sind hier kleine Vignetten am Anfang eines jeden Gesanges. Die Figürchen mögen in der Vorzeichnung nicht übel gewesen sein, unter der Hand des Holzschneiders, welcher der Aufgabe, in so winzigem Massstabe zu arbeiten, nicht gewachsen war, gerieten sie eckig und unbeholfen. Die Kompositionen deuten den Inhalt des Gesanges ungefähr an, mehr liess sich wohl auf so kleiner Fläche nicht erreichen, von einer künstlerischen Bewältigung ist keine Rede. Ueber den Köpfen der Hauptfiguren stehen die Anfangsbuchstaben ihrer Namen zu ihrer nähern Bezeichnung. Für die Vignetten der ersten 21 Gesänge haben auch wiederum hier die Stiche des florentiner Dante, also indirekt die Zeichnungen des Botticelli, einigermassen das Vorbild abgegeben. Auf mehreren von den Schnitten erscheint das Zeichen b.

Wenn wir die Illustrationen des Brescianer Dante von 1487 und auch die eben besprochenen des Venetianer von 1491 betrachten, so begreifen wir vorerst kaum, wie solche Bilderausstattung in einer Zeit des hochentwickelten Kunstgeschmackes den Käufern die Bücher lockend gemacht haben kann, und welchen Grund die Drucker gehabt haben mochten, ihren Editionen so mittelmässige Holzschnitte überhaupt einzufügen: für die blosse Bilder- und Schaulust der Menge waren ja derartige Werke in keiner Hinsicht berechnet. Ich zweifle nicht, dass für die Ausstattung mit Vignetten dieselben Gründe massgebend waren, welche unserer vorhin ausgesprochenen Meinung nach z. B. die Illustrierung der Biblia volgarizata veranlassten. Die Bilder scheinen mir im „Dante" lediglich den Zweck zu haben, der Phantasie des Lesers einen Anhalt zu bieten, ihm zu helfen eine bestimmte Stelle leichter aufzufinden, die Hauptmomente der Komödie im Gedächtniss haftend zu behalten. Nimmt man eine so illustrierte Dante-Ausgabe daraufhin durch, so wird man sich überzeugen, dass die eingedruckten Holzschnitte ihren Zweck als Hilfsmittel zur Orientierung gar nicht übel erfüllen, besser und eindringlicher als es Marginalien oder Ueberschriften zu thun im Stande waren. So haben, wie ich meine, die in den Text eingestreuten Bilder dieses und ähnlicher alter Druckwerke eine vorwiegend sachliche Aufgabe, gegenüber es nicht viel verschlug, wenn die Kunst dabei mitunter in den Hintergrund trat. Die bildliche Darstellung stand als didaktisches Hilfsmittel in jenen Zeiten in hohem Ansehen, und diese Bedeutung der Illustration, die im XV. Jahrhundert noch selbstverständlich war, geriet erst später mit dem Wechsel der Sinnesrichtung in Vergessenheit.

Die Vignettillustration, ähnlich dem Dante und der Malermi-Bibel, wird alsbald häufig in andern Büchern angewendet, die in Venedig herauskommen; Uebersetzungen antiker Klassiker, Ausgaben des Boccaccio und andere Novellensammlungen werden ähnlich ausgestattet.

Eine gewisse in vielen der kleinen Bildchen wiederkehrende gleichmässige Weise der Behandlung und Auffassung scheint darauf zu deuten, dass ein grosser Teil der Entwürfe für derartige Vignetten von einem und demselben Künstler herrührt, jenem Meister, der zuweilen mit dem Monogramm b bezeichnet, der offenbar ein vielgeschäftiger Illustrator im Dienste der Venetianer Typographen war. Die xylographische Ausführung ist in den verschiedenen Werken und oft auch in den Vignetten desselben Buches von sehr ungleicher Qualität, mitunter fein und vortrefflich, oft war aber das Messer des Holzschneiders ungelenk und vermochte die Formen der Vorzeichnung nur in steif-eckigen Linien wiederzugeben.

Gewöhnlich schmückt ein grösseres Bild in ornamentaler Umrahmung die erste Seite und ist dann meist mit besonderer Sorgfalt ausgeführt. So pflegen auch die Miniaturmaler den Anfang der Handschriften reich zu schmücken.

Einige dieser mit Vignetten illustrierten Bücher wollen wir hier hervorheben.[1] Die „Cento Novelle" des Boccaccio, 1492 bei Gregorius de Gregoriis gedruckt (Hain 3277), haben zu jeder Novelle eine Vignette, fein und gut gezeichnet, hübsch komponiert, aber etwas trocken und mager im Schnitt. Der Titelholzschnitt, die Gesellschaft des Decamerone im Garten darstellend, ist ein zierliches Bildchen vornehmen venetianischen Lebens. (Henri Delaborde: Gravure en Italie. Paris 1882 S. 227.)

Titelholzschnitt aus dem „Novellino" des Masuccio Salernitano, Venedig 1492.
Der Autor, sein Buch der Herzogin Hippolyta von Calabrien überreichend.

Derselbe Drucker Gregorius giebt gleichzeitig als Seitenstücke der Boccaccio-ausgabe den „Novellino" des Masuccio Salernitano heraus. Die Vignetten darin sind denen im Boccaccio ganz ähnlich. Den im Buche von einer architektonischen Umrahmung eingefassten Titelholzschnitt, den Autor darstellend, wie er sein Werk der Herzogin Hippolyta von Calabrien überreicht, giebt die beistehende Nachbildung wieder.

[1] Es braucht vielleicht nicht ausdrücklich gesagt zu werden, dass es sich hier überall nur um eine allgemeine Uebersicht der italienischen Holzschnitte des XV. Jahrhunderts handelt, und dass die Aufführung der illustrierten Bücher etc. keineswegs eine erschöpfende sein will. Für eine solche liegt die Bibliographie der alten Drucke noch zu sehr im Argen.

Ein drittes Seitenstück zu den eben genannten Ausgaben des Decamerone und Novellino sind die „Settanta Novelle" des Sabadino degli Arienti, ebenfalls in Venedig bei Zani da Portese 1503 gedruckt. Die Vignetten darin sind denen der vorgenannten Bücher ganz ähnlich aber schon weniger gut und weniger glücklich im Treffen des Ausdruckes und der Situation.

Mit Vignetten illustrierte Uebersetzungen klassischer Autoren „volgare historiate" erscheinen in grossen Reihen von Auflagen bis zum völligen Abnützen der Stöcke, und beweisen, wie beliebt diese Form der klassischen Lektüre gewesen sein muss.

„Deche di Tito Livio volgare historiate" von Giovanni von Vercelli [Zuan Vercellese] für den Verlag von Lucantonio da Giunta 1493 zum ersten Male gedruckt. Hain 10140'. Die Vignetten vielfach mit dem Monogramm b und andere mit einer hier zuerst auftauchenden Marke, die einem kleinen F ähnlich sieht, bezeichnet. Die Schnitte nicht ganz so gut wie etwa in der Malermi-Bibel.

Aus dem „Terenz". Venedig 1497.

Die Komödien des Terenz, 1497 von Lazarus de Suardis für den Verlag des Simon de Luvere gedruckt (Hain 15429).

Aus der Zeit bis 1500 giebt es etwa fünf illustrierte Ausgaben Terenz'scher Komödien, die an verschiedenen Orten in Deutschland und Frankreich herauskamen. Diese Terenz-Illustrationen bilden eine anziehende, künstlerisch wie kulturgeschichtlich interessante Gruppe unter den bildlichen Darstellungen des XV. Jahrhunderts. Schon 1493 war bei Trechsel in Lyon eine Ausgabe erschienen Hain 15424', deren Holzschnitte den Anspruch machen dürfen, dem Besten was die Epoche auf diesem Gebiet hervorgebracht hat zugezählt zu werden. Sie sind offenbar von einem tüchtigen Künstler gezeichnet, der wesentlich in der französischen Kunstrichtung fusst, aber vielleicht auch von Martin Schongauer oder den Niederländern beeinflusst war. Die Figuren sind derb, jedoch voll Ausdruck in der Geste und in den Köpfen. Die Gruppen sind äusserst sprechend und lebendig, alles Beiwerk ist weggelassen, die Aktion spielt immer nur vor einem geschlossenen Vorhang. Sehr vorzüglich ist auch die technische Ausführung in breitem kräftigem Schnitt. Bei Grüninger in Strassburg kommt 1498 eine Ausgabe des Terenz heraus, die Sebastian Brandt veranstaltete und für die er selbst die Kompositionen der Holzschnitte angegeben haben soll. Mit den Lyoner verglichen sind diese letztern kindisch und unbeholfen.

Für den Venetianer Terenz von 1497 gaben die vier Jahre ältern Lyoner Bilder, unmittelbar das Vorbild ab, ganz so wie die Kölner Bibelschnitte für die Malermi-Bibel. Auch hier hat der Künstler seinem Lyoner Vorgänger die Anordnung der Kompositionen entlehnt, Zeichnung, Ausführung und Kostüme völlig im Sinne seiner eigenen Kunstart umgemodelt. In der Schärfe der Charakteristik stehen aber die Kopien hier hinter den Originalen zurück, so fein und reizend sie auch mitunter sind.

Zwei blattgrosse vortreffliche Konturschnitte finden sich am Anfange des Buches. Terenz auf dem Katheder, lehrend, um ihn gruppiert die Häupter der lateinischen Grammatiker, Donatus, Accursius etc., ein Motiv, das in den Titelholzschnitten der Epoche vielfach wiederkehrt, wo der Autor als Lehrer oder an seinem Studiertisch dargestellt erscheint, wie es auch die Miniatoren anzuwenden pflegen. Der zweite Holzschnitt stellt das antike Theater oder vielmehr den Zuschauerraum von der Bühne aus gesehen dar. Dass die Zuschauer Venetianer Strassenfiguren des XV. Jahrhunderts sind, und der Akteur, den man nur vom Rücken sieht, eine Art Narrentracht hat, wird nicht Wunder nehmen.

Obwohl weder diese grossen Schnitte noch die Vignetten ein Zeichen tragen, möchte ich sie doch derselben Hand zuschreiben, welche gewöhnlich mit einem b zu signieren pflegt.

Die feine, etwas magere Behandlungsweise mit dünnen Linienzügen, welche für die venetianischen Vignetten charakteristisch ist, finden wir mitunter auch bei grösseren Schnitten angewendet, namentlich in den Randeinfassungen, mit denen die Anfänge der Bücher oder der Beginn grösserer Abschnitte des Textes ausgeschmückt sind. Derartige Einfassungen bringen die Drucker auch oft bei Werken an, welche im Uebrigen keinerlei künstlerische Ausstattung erhalten, oder in denen höchstens Illustrationen zu einem oder dem andern besonders bedeutungsvollen Gegenstande des Textes eingefügt sind. Einige von diesen Einfassungen sind gleichsam in steter Wanderung begriffen. Sie tauchen in vielen Drucken ein und derselben Offizin auf, gehen gelegentlich an andere Druckereien über, und bleiben oft Jahrzehnte lang im Gebrauch.

Gewöhnlich bilden die Einrahmungen eine leicht und zierlich aufgebaute Säulen- oder Pilasterarchitektur, reich ausgestattet mit Figurenfriesen, Ornamenten, Schildern und Trophäen. Ziemlich gleichzeitig mit dem Aufkommen der Vignettenschnitte treten auch diese, ihnen im Stil ähnlichen Verzierungen auf. So in der Malermi-bibel und anderwärts. Eines der frühesten aber auch reizendsten Beispiele dieser Gattung findet sich in dem 1491 von Giovanni Ragazzo de Monteferrato gedruckten „Plutarch" (Hain 13129). Auf einem Sockel, der in der Mitte ein leeres Wappenschild trägt — zum Hineinmalen des Wappens des Besitzers des Buches — nackte, hörner-blasende Reiter und musicierende Satyre. Neben den mit antiken Cameenköpfen geschmückten zierlichen Pilastern Meergötter, auf hohen Stangen Trophäen haltend. Das Ganze wird oben von einem ornamentierten Fries mit darüber gesetzten Halb-bogen abgeschlossen; rechts und links auf dem Kranzgesims der römische Adler; Fruchtgehänge, Schilder und Delphine füllen die Eckfelder.

Der Typus dieser Ornamentation kehrt mit entsprechenden Abwechslungen häufig wieder. Die Ausschmückung steht immer in deutlicher Beziehung zu dem Inhalt des so ausgestatteten Druckwerkes, allerdings nur desjenigen, für welches die

Einfassung angefertigt und in dem sie zuerst verwendet wurde. Da aber die Drucker den einmal vorhandenen Holzstock ferner auch in einer Menge anderer Bücher ihres Verlages anbringen, unbekümmert ob die Anspielungen hier noch am Orte sind, oder nicht, so gelangen heidnische Fabelwesen und christliche Symbole dazu, Textseiten zu schmücken, zu deren Inhalt sie in keiner Weise passen.

Innerhalb der Umrahmung der ersten Seite pflegt sich häufig dann noch eine Figurendarstellung zu finden. In dem „Plutarch" füllt ein prächtiger Holzschnitt etwa

Theseus und Minotaur aus dem „Plutarch". Venedig 1478.

den halben Innenraum der erwähnten Einfassung. Er stellt den Kampf des Theseus mit dem Minotaur dar, und ist ganz in der Weise und offenbar von dem Meister der Vignetten der Malermibibel vortrefflich gezeichnet und ausgeführt. Dieser Holzschnitt gehört zu dem Besten, was wir von der Hand jenes unbekannten Künstlers besitzen. Die Attitüde und Auffassung des kämpfenden Paares gemahnt einigermassen an Antonio Pollajuolo in seinen bekannten Kupferstichen.

Das Schicksal dieses Holzschnittes bietet ein Beispiel für die sonderbaren Wanderungen der Holzstücke von einem Druckort zum andern, und zeigt, wie un-

sicher es zuweilen sein kann, aus dem Vorkommen eines Holzschnittes in einem
Buche auf seine Anfertigung am Druckort zu schliessen. Der „Theseus und
Minotaur" aus dem venetianischen „Plutarch" von 1491 taucht schon 1495 in Forli
wieder auf, bei einem Drucker Hieronimo Medesano („Parmensis"), abgedruckt am
Schluss eines kleinen Büchleins: „Nicolaus Feretrus, De structura compositionis...
ad componendas epistolas". Die Darstellung des kämpfenden Theseus steht in

Aus dem „Aesop" Venedig 1491—92. Fabula XLV „De equo et asello"

keinerlei erkennbarem Zusammenhang mit dem Inhalt des Schriftchens, so dass der
Drucker das Bild auf das Schlussblatt offenbar nur gesetzt hat, um diesem ein gefälliges
Aussehen zu geben. Wäre die venetianische Herkunft des Stockes unbekannt, so
würde man sicherlich leicht geneigt sein zu vermuten, dass er in Forli entstanden sei.[1]

---

[1] Auf dem ersten Blatte des oben citierten Büchleins des Feretrus findet sich die häufig
vorkommende Darstellung des auf dem Katheder lehrenden Professors, umgeben von seinen
Hörern, in einem freien Konturschnitt, wahrscheinlich ebenfalls venetianischen Ursprunges.

Gleichzeitig mit dem Aufkommen der Vignette und neben dieser bildet sich eine breitere und derbere Weise des Konturschnittes aus, die den Illustrationen grösseren Formates angepasst ist.

Unter den venetianischen Illustrationswerken, in denen solche grössere Holzschnitte Anwendung finden, tritt uns zunächst die so oft und mit so sichtlicher Vorliebe als Bilderbuch gefasste Fabelsammlung, der „Aesop" entgegen. Die Versifikation des Accio Zuccho, welche wir schon in dem Veroneser Druck von 1479 kennen gelernt haben, erscheint 1491 in einem Kleinquarto-Bändchen bei Manfred von Monteferato in Venedig. Die Kompositionen der 91 Holzschnitte in dieser Ausgabe lehnen sich zwar teilweise an die Motive der ältern, namentlich der Veroneser an, aber auch da, wo dies der Fall ist, doch in so freier Umbildung, dass die Venetianer Schnitte völlig den Wert selbständiger Erfindungen beanspruchen dürfen. Ein tüchtiger und gewandter Künstler entwarf die Zeichnungen. Die Tiere sind lebendig und mit grosser Sicherheit, die menschlichen Figuren mit feiner Grazie gezeichnet, der Gegenstand der Fabel immer sehr prägnant erzählt. Als Rahmstücke gearbeitete, sich wiederholende, geschmackvolle Bordüren fassen die Darstellungen ein. Der Schnitt ist in zarter Umrissmonier vortrefflich ausgeführt. Das zierliche Büchlein scheint viel Verbreitung gefunden zu haben, denn es erlebt eine Reihe von Auflagen bis nach 1500.¹)

Mit höchster technischer Virtuosität behandelte Holzschnitte treffen wir bald darauf in Venedig in einem Werke, dessen Inhalt nach modernen Anschauungen wenig Gelegenheit zu künstlerischer Bethätigung bieten würde: in einem Handbuch der Medizin für den praktischen Gebrauch der Laien. Ein deutscher, in Italien lebender Arzt, Johannes Ketham hatte einen „Fasciculus de Medicina" aus den gebräuchlichsten medizinischen Schriften der Zeit kompiliert, und zuerst 1491 bei den Gebrüdern Johannes und Gregorius „de Forlivio" — oder wie sie sich auch zu nennen pflegen „de Gregoriis" in Druck ausgehen lassen. Diese erste lateinische Ausgabe des Buches, ein dünnes Heft in Grossfolio (Hain 9774) hat nur einige anatomische oder medizinische Abbildungen, wie den „Aderlassmann", eine schematische menschliche Figur mit der Angabe der Körperstellen, an denen zu verschiedenen Zeiten die Ader zu schlagen ist, eine ähnliche Figur mit der Angabe der am häufigsten vorkommenden Arten der Verletzungen u. dergl. Trotz ihrer rein technisch-sachlichen Bedeutung und des fast kunstwidrigen Beiwerkes haben diese Figuren vermöge ihrer energischstrengen und altertümlich herben Weise der Zeichnung einen unverkennbaren Zug von Grossartigkeit. Mit der im Vorhergehenden erwähnten und abgebildeten Figur im „Arbor Consanguinitatis" von 1491 haben die anatomischen Figuren in der Princeps des „Kethan" eine gewisse Aehnlichkeit, so dass sie vielleicht von derselben Hand herstammen. Der Konturschnitt ist hier mager und eckig.

---

¹) Das Buch scheint zuerst ohne die sonst gewöhnlich an den Anfang gestellte Lebensbeschreibung des Aesop herausgekommen zu sein. In dem einzigen mir bekannt gewordenen Exemplare der Ausgabe der Fabeln von 1491 ist die „Vita Esopi" 1491 datiert. Diese „Vita" nach der Version des Francesco Tuppo hat die Schlussschrift: Impressum Venetiis per Manfredum de Monteferato de Sustreno de benefiis MCCCCLXXXXII die XXVI Martii regnante domino Augustino Barbadico inclito Veneturum principe. Hierauf folgen als zweiter Teil die Fabeln: Acci Zucchi ... in Aesopi fabulas interpretatio ... etc. a. E.: Impressum Veneiis per Manfredum .... de Sustreno MCCCCLXXXXI a di ultimo Zenaro. folgt: Tavola dele predette fabule. Andere Ausgaben mit denselben Schnitten 1492, 1493, 1495 u. s. w.

Zwei Jahre später, 1493, erscheint das Handbuch des Ketham bei demselben Drucker in italienischer Uebersetzung und in neuem, reicherem künstlerischem Gewande.¹) Bei der Version in die Lingua volgare mochte dem Drucker auch die Vermehrung der Bilder angemessen erscheinen, so sind jetzt die alten Stöcke durch neue vollkommenere ersetzt und einige freie Kompositionen hinzugefügt.

Wenn wir heute nicht mehr recht absehen, wozu in einem rein sachlich medizinischen Handbuch Darstellungen wie der lehrende Arzt auf seinem Katheder, oder der Arzt in Beratung mit seinen Kollegen und Aehnliches, eingefügt sind, so müssen wir uns, um ihren Zweck zu begreifen, in die Anschauungen jener Zeiten versetzen. Den Menschen des damaligen durchschnittlichen Bildungsgrades fiel es schwer, abstrakte Begriffe lediglich aus logischen Deduktionen zu bilden, daher war die Unterstützung des Wortes durch sinnliche Anschauung überall willkommen. Die Bilder gehörten sehr wohl zur Sache, sie waren keineswegs überflüssig und weder als künstlerischer Luxus beigegeben, noch wurden sie als solcher aufgefasst. Das Bild des lehrenden Arztes bedeutet etwa, dass hier eine ernsthaft wissenschaftliche Darlegung beabsichtigt wird, für den Käufer klarer und eindringlicher, als es eine entsprechende Aufschrift zu bewirken vermochte u. s. w. So betrachtet stellt sich der Bilderschmuck nicht als bloss naivkindliche Zugabe dar, wie es leicht den Anschein gewinnt. Neben den rein technisch-medizinischen Abbildungen, welche teilweise aus der frühern Ausgabe herübergenommen oder ihr nachgebildet sind, erscheinen in der von 1493 drei die Folioseite einnehmende Holzschnitte: der Arzt Petrus de Montagnana auf seinem Katheder lehrend, unten sitzen ein alter Mann und eine Frau mit einem Kinde als Repräsentation der Patienten; eine Beratung von Aerzten in einer Säulenhalle, die Sektion einer Leiche mit dem Lehrer auf dem Katheder und den unten stehenden, der Sektion zusehenden Schülern, und endlich ein Pestkranker auf seiner Lagerstätte, umgeben von mehreren Personen, darunter einem Manne, der zwei Räucherfackeln trägt.

Die Zeichnung rührt unzweifelhaft von einem Künstler her, der dem Genüle Bellini sehr nahe steht. Die Figuren sind etwa 12—15 cm hoch, von gediegener Bildung namentlich die Köpfe. Die Kompositionen zeigen eine ruhige, fast reliefartige Anordnung, welche mit dem strengen einfachen Konturschnitt vortrefflich harmoniert, Die Scenen des sterbenden Pestkranken und die Beratung der Aerzte haben einen Zug von jenem feierlichen Ernst, den die venetianische Kunst bei Darstellung bedeutsamer Vorgänge so vortrefflich zum Ausdruck zu bringen weiss.

Das Buch des Ketham erlebte noch vor 1500 mehrere Auflagen. Schon 1495 ist die schöne Platte mit der Leichenöffnung nicht mehr vorhanden, oder nicht mehr brauchbar und durch eine geringe Kopie ersetzt, und in der Ausgabe von 1500 endlich sind mehrere Stöcke durch Kürzen der untern Partie verstümmelt.²)

Die Drucker des „Ketham", das Brüderpaar „de Gregoriis", scheinen sich die Kultivierung des Holzschnittes besonders angelegen sein zu lassen, mit Vorliebe geben sie den Druckwerken ihrer Offizin künstlerischen Schmuck. Eine von ihnen 1499 gedruckte lateinische Uebersetzung des Herodot (Hain 8472) zeigt auf dem

---

¹) (Ketham, Joh.). Incomincia el dignissimo Fasciculo de Medicina in Volgare . . . . a. E: . . . . qui finisce el fasciculo di Medicina Vulgarizato per Sebastiano Manlio Romano e stampito per Zuane e Gregorio di Gregorii Nel 1493. V Februario in Venezia. Fol. (Hain unbekannt). Vergl. Choulant, Geschichte u. Bibliogr. d. Anatomischen Abbildung. 1852. 8°.

²) Die Beschreibung der verschiedenen Ausgaben bei Choulant a. a. O.

Aus Ketham: „Fasciculus de Medicina". Venedig 1493.

ersten Blatte eine überaus prächtige Randeinfassung, bestehend aus einem reichen Pilasterornament, weiss auf schwarzem Grunde, unten in kräftigem Konturschnitt eine nicht erklärbare, vielleicht aus missverstandenen antiken Motiven gebildete Darstellung. Im oberen Eckraum neben der Initiale sieht man den Autor an seinem Tische sitzend, während Apollo ihm den Lorbeerkranz auf das Haupt setzt.

Es ist dies vielleicht die prächtigste unter allen ähnlichen typographischen Zierleisten der Epoche, von unübertrefflicher Eleganz des Aufbaues und vollendeter Reinheit der xylographischen Ausführung, vergleichbar nur dem feinsten Intarsiawerk. In seiner Wirkung scheint dieser schöne Holzschnitt mit den einfachen Mitteln von Weiss und Schwarz erfolgreich mit der prächtigsten Miniaturmalerei zu konkurrieren. Zum zweiten Male verwendet findet sich die Bordüre (ohne die Darstellung des Herodot und Apollo) in einer Ausgabe der Werke des hl. Hieronymus von 1498 (Hain 8581), wo die mythologische Darstellung im Unterrand allerdings wenig hinpasst (Band II fol. AA2 rect.).[*]

In der „Doctrina della Vita Monastica" des Beato Laurenzo Justiniano, 1494, ohne Druckernamen, wahrscheinlich aber ebenfalls bei de Gregoriis gedruckt, findet sich ein interessanter Holzschnitt: der selige Mönch zur Kirche schreitend, die Rechte segnend erhoben, vor ihm ein Ministrant das Kreuz tragend. Die Figur des Mönches ist vollständig einem Gemälde entlehnt, welches Gentile Bellini 1465 für die Kirche Maria del Orto fertigte. Dieses Bild in Tempera auf Leinwand ausgeführt, stellt denselben seligen Laurenzo Justiniano dar, von mehreren Figuren umgeben. Die Gruppe der umgebenden Personen und die Aureole um das Haupt des Mönches hat der Holzschneider weggelassen, den Charakter der Hauptfigur aber, ja selbst den Typus des Kopfes vollkommen beibehalten.[*] Es ist dies eines der wenigen Beispiele, in welchem sich die Beziehung eines Holzschnittes dieser Epoche zu einer ungefähr gleichzeitigen Malerei nachweisen lässt.

Die Metamorphosen des Ovid, oder vielmehr die italienische Version derselben von Johannes de Bonsignore aus Città di Castello, wurden 1497 zum ersten Male von Giovanni Rosso in Venedig für den Verlag von Lucantonio Giunta gedruckt (Hain 12166). Der Kleinfolio-Band ist mit 59 Holzschnitten ausgestattet, von deren Charakter die beifolgenden Nachbildungen eine Vorstellung geben. Die Kompositionen sind klar und wohlangeordnet, die Figuren tüchtig im Sinne der Schule der Bellini gezeichnet, die Auffassung etwas trocken, dem professionsmässigen Illustrator verratend. Den offenbar sehr guten Vorzeichnungen ist der Xylograph nicht immer mit Sorgfalt nachgekommen, und hat sie oft wenig fein im Detail geschnitten.[*]

Die Art der Behandlung ist schwankend, bald sind die Konturschnitte von regelmässiger Durchbildung, bald mehr Imitationen eines breiten Federentwurfes. In einigen Holzstöcken kommt auch eine der florentiner Xylographie verwandte Weise mit Verwendung von schwarzen Massen und weiss eingeschnittenen Lichtern zum

---

[*] Eine Nachbildung dieser Randeinfassung bei Yriarte: „Venise" Seite 191.
[*] Vergl. die Abbildung des Gemäldes des G. Bellini in der Zeitschrift für bild. Kunst Bd. XIII Seite 341.
[*] Die Stöcke des Ovid von 1497 erscheinen in verschiedenen späteren venetianischen Ovidausgaben wieder, meines Wissens zuletzt 1517. Daneben kommen Ovidausgaben mit Kopien der 1497er Holzschnitte vor. Die Kopien tragen nicht das Monogramm ia. Auch finden sich Ausgaben, in denen die 1497er Originale untermischt mit Kopien abgedruckt sind, z. B. eine von 1509.

Vorschein. Das Ganze ist immerhin ein schönes und anziehendes Werk, dem aber der sorglose Druck der Holzschnitte in der ersten und noch mehr in den spätern Auflagen wesentlich Eintrag thut.

Aus B. Laurenzo Justiniano, „Doctrina della Vita Monastica", Venedig 1494.

Die Mehrzahl der Holzstöcke ist mit einem Monogramm ไล in gothischen Buchstaben, einige mit denselben Buchstaben in römischen Versalien bezeichnet.

Man hat dieses Zeichen gewöhnlich mit dem auf italienischen Stichen des XV. Jahrhunderts vorkommenden Monogramm Z. A. zusammengeworfen und beides auf Zoan*) Andrea Vavassore detto Guadagnino bezogen. Die grosse Verwirrung, welche über den oder die Künstler herrscht, welche sich unter den obigen Initialen bergen, hat Koloff in dem Artikel „Zoan Andrea" in Meyer's Künstlerlexikon keineswegs vermindert. Die Räthsel der vielgestaltigen Künstlererscheinung, welche mit jenem Namen und Monogramm verknüpft ist, zu lösen oder auch nur wesentlich aufzuhellen, sehen leider auch wir uns nicht im Stande.

Ueber die Persönlichkeit des Zoan Andrea Vavassore wissen wir nichts. Was wir aus den vorhandenen Werken erschliessen können, beschränkt sich auf die Thatsache, dass um 1500 ein Xylograph oder wohl richtiger eine Xylographenwerkstätte in Venedig thätig war, deren Haupt auf manche seiner Verlagsartikel seinen Namen Giovanni Andrea Valvassori detto Guadagnino oder Joane Andrea Vavassori detto Vadagnino setzt.

Aus „Ovidio Metamorphoseos vulgare". Venedig 1497. Buch XII. Apollo und Marsyas.

Die erstere Schreibweise findet sich auf einer Passionsfolge Christi in Holzschnitt, die in Buchform gefasst ist, und von der jedes Bild auf dem Unterrand einen mehrzeiligen in die Holztafel eingeschnittenen Text trägt. Das Ganze ist so ein eigentliches Blockbuch, das einzige italienische, welches wir kennen. Es ist freilich kein primitives Erzeugnis einer noch in der Entwicklung begriffenen Technik, wie die deutschen und niederländischen Tafeldrucke, sondern ordinäre Volksbilderwaare und sollte wohl nicht für etwas anderes gelten. Das kleine Buch führt den Titel „Opera nuova contemplativa" und datiert 1516.

* „Zoan" venetianische Form für Giovanni.

Die Kompositionen sind zum Teil rohe Nachbildungen Dürer'scher Holzschnitte, zum Teil Mantegnesk, viele ganz schlecht, manche besser ausgeführt, aber auch die verhältnismässig besten können, wie erwähnt, keinen Anspruch auf künstlerischen Wert erheben. Vavassore mag hier wohl Xylograph, Drucker und Verleger in einer Person sein.

Seine Thätigkeit in Venedig reicht nachweislich bis 1522 und wahrscheinlich noch etwas vor 1500 zurück.

Das Berliner Kupferstichkabinet besitzt ein Blatt in grösstem Querfolioformat, welches die Passionsgeschichte Christi darstellt. Die einzelnen Scenen sind durch Architekturen und landschaftliche Umgebung von einander getrennt. Schon ein sehr früher italienischer Kupferstich (Ouley: Facsimiles etc. Taf. 22) behandelt die Passionsgeschichte in ähnlicher Weise.

Auf dem Holzschnitt des Berliner Kabinets liest man inmitten des Blattes auf einer Tablette: „In Venetia per Zuan Andrea Vadagnino di Vavasor". Die Art der Behandlung und Auffassung der Figuren weist auf einen Zeichner hin, der halbwegs der Schule des Mantegna angehört, aber, wie so viele Holzschnittzeichner, — hierin getreue Nachfolger der Miniatoren — von da und dorther Motive verschiedener Kunstrichtungen in sich aufgenommen hat.[*] Die Ausführung ist ziemlich handwerklich, doch bei weitem besser als in der „Opera nuova contemplativa". Der Schnitt zeigt eine eigentümliche Manier. Aehnlich den Kupferstichen des Mantegna und seiner Schule sind die Konturen kräftig umzogen, die Strichlagen für die Modellierung aus parallelen ungekreuzten, schräg laufenden Linien gebildet, welche sich im Schatten verdicken und in die Lichter in feine Züge auslaufen.

Das Berliner Kabinet besitzt ferner einen 1522 datierten, 51 cm hohen und 72 cm breiten Holzschnitt des Zoan Andrea. Es ist dies eine in grober, derb-altertümlicher Weise ausgeführte Ansicht der Stadt Rhodus mit den Heeren der Belagerer und Verteidiger. Oben stehen die Worte: Stampato in Venetia per Vadagnino di Vavassori Nel MCCCCCXXII.

Viele venetianische Bücher-Holzschnitte und Einblattdrucke zeigen den bezeichneten Arbeiten des Zoan Andrea verwandte Weise. Das Zeichen Z. A. das sich daneben häufig auf ihnen findet, lässt keinen Zweifel, dass sie aus seiner Werkstätte hervorgegangen sind.

Eine solche, eine Xylographen-Werkstätte und nicht die Hand eines individuellen Künstlers, bedeuten ohne Frage jene eben erwähnten Signaturen. Die Qualität der Arbeiten, welche mit dem Namen oder der Marke des Zoan Andrea bezeichnet sind, wechselt so sehr von guter und sorgfältiger bis zur gröbsten Ausführung, dass nur eine Bottega mit vielen Gehilfen von ungleicher Geschicklichkeit und Schulung so Verschiedenartiges hervorgebracht haben kann. Auch das Beste aus dem Atelier des Zoan Andrea erhebt sich nicht zu feinerer Künstlerschaft, höchstens zu einer Durchschnittsmittelmässigkeit, der immer das unkünstlerische Wesen fabrikmässiger Erzeugung anhaftet.

In der Bottega des Zoan Andrea wurde wahrscheinlich auch Kupferstecherei betrieben. Die italienischen Stiche mit dem Zeichen Z. A. mögen wohl daher stammen. Sie sind sehr ungleich in der Ausführung und wahrscheinlich fast nie selbständige Werke. Die meisten sind Nachstiche nach Dürer, Mantegna u. a., aber auch das, was wir nicht auf bestimmte Vorlagen zurückführen können, hat einen individualitätslosen

---

[*] Die Namensbezeichnung des Vavassore findet sich ferner auf einer in Holzschnitt ausgeführten Landkarte von Italien, die Bezeichnung „Zoan Andrea" auf einem Blatt in einer Serie Holzschnittkopien der Dürer'schen Apokalypse. Passavant P. G. VI Seite 87.

ISTORIA ROMANA

Allegorie. Holzschnitt des Jacob von Strassburg. Verblassener Nachdruck.

handwerklichen Charakter, und nicht den Anschein originaler Erfindung. Alles stimmt mit der Annahme, die Marke Z. A. als die Werkstattmarke einer Xylographen- und Stecherbottega zu denken, die auf Bestellung für Buchdrucker, daneben für eigenen Verlag und gemeinen Marktbedarf arbeitete. Hierdurch lässt sich die sonst ganz unbegreifliche Thätigkeit des Zoan Andrea auf dem Gebiete des Holzschnittes und Kupferstiches vielleicht am ungezwungensten erklären.

Das im Ovid von 1497 und anderwärts vorkommende Monogramm Ia wird gewöhnlich ebenfalls auf Zoan Andrea gedeutet, — wie mir scheint ohne hinreichenden Grund. Die Marke Ia besteht nicht aus zwei Initialen, sondern bildet vielmehr die Anfangsbuchstaben Eines Namens. Würde sie etwa Johann Andrea bedeuten sollen, so wären die zwei Buchstaben wahrscheinlich durch Punkte getrennt und deutlich von einander geschieden. Eine solche Trennung findet sich überall, wo z. B. die Marke Z. A. vorkommt, während andererseits IA als Beischrift bei Heiligenfiguren unzweifelhaft zur Andeutung des Namens „Jacobus" (mit einem davorstehenden S., S. IA.). (Vergl. Meyer Künstlerlexikon I S. 706. Pass. V S. 83 No. 46.) Wenn sich dies in der That so verhält, so dürfte die Marke Ia vielleicht irgend einen Künstler „Jacobus" bezeichnen.

Zwei Meister, welche diesen Namen führten, waren um diese Zeit in Venedig für den Holzschnitt thätig: Jacob von Strassburg und Jacopo de' Barbari-Walch.

Wenden wir uns zunächst zu Jacob von Strassburg.

Im Jahre 1504 erscheint in Venedig ein grosser friesartiger Holzschnitt in zwölf Blättern, den „Triumph des Cäsar" darstellend. Die Komposition bietet an sich wenig Interesse, sie ist ziemlich zerstreut und haltlos, die Zeichnung der einzelnen Figuren jedoch energisch, das Ganze, wenn auch ohne besondere Künstlerschaft, doch mit Routine gemacht. Die Schnittweise ist der Behandlungsart nachgebildet, deren sich Mantegna und seine Schule bei der Ausführung ihrer Kupferstiche bedienen, und auch vermöge der Zeichnung gehört das Werk der Richtung des Mantegna an. Nach Passavant (Peint. Grav. I S. 133) steht auf dem ersten Blatte: „Manibus propriis hoc preclarum opus in lucem prodire fecit Jacobus Argentoratensis germanus archiypus solertissimus. Anno virginei partus M · D · III · Idibus februarii sub hemisphaero Veneto finem imposuit". Auf dem Exemplar des Berliner Kabinets ist diese Inschrift nicht vorhanden. Es finden sich hier nur einige auf den Inhalt der Darstellung bezügliche Zeilen in Typendruck. Ich vermag nicht zu beurteilen, ob das Berliner Exemplar, welches übrigens aus vortrefflichen Abdrücken besteht, vor jener von Passavant angegebenen Inschrift, oder ein späterer Zustand ist.

Ein zweites Werk offenbar desselben Künstlers ist ein grosses Blatt mit einer allegorischen (Passavant meint „satyrischen") Darstellung mit der Inschrift „Istoria Romana" in der obern linken Ecke. Die Bezeichnung „Opus Jacobi" steht auf einem Cartellino, angeheftet an abgeschnittenen Baumstamm rechts, auf der Schnittfläche des Baumstammes liegt ein Zirkel. Der Beschreibung der Komposition überhebt uns die beistehende verkleinerte Nachbildung[1]) des im Original 29 cm hohen und 39 cm breiten Holzschnittes.[2])

---
[1]) Angefertigt nach dem Exemplar in der Sammlung des Herrn Baron Edmund Rothschild in Paris, der so freundlich war, zum Zwecke der vorliegenden Publikation die Photographie des Blattes anfertigen zu lassen.
[2]) Ueber die Darstellung der „Istoria Romana" und ihre mögliche Deutung entnehme ich Nachstehendes einer freundlichen Mitteilung des Herrn Professor Dr. C. Robert in Berlin:

Die technische Ausführung der „Istoria Romana" ist äusserst gediegen, die beabsichtigte relieffertig-plastische Wirkung des Blattes vollkommen erreicht. Unsere

„Der Holzschnitt des „Jacobus" ist ohne Zweifel die Umbildung eines Hippolytos-Sarkophags, und zwar desjenigen Typus, der unter den erhaltenen Exemplaren am besten von dem Pisaner und dem Capuaner Exemplar repräsentiert wird. Der Pisaner Sarkophag enthielt die Gebeine der Gräfin Beatrice, Mutter der Gräfin Mathilde von Toscana, die 1076 starb; es ist derselbe, den Niccolo Pisano bei der Anfertigung der Pisaner Kanzel mehrfach benutzt hat. Bis zum Ende des XIII. Jahrhunderts stand er an der Aussenseite des Domes, wurde dann an die Aussenwand und schliesslich ins Innere des Campo Santo versetzt, wo er noch heute steht. Der Sarkophag war in der Renaissance sehr bekannt und populär (abgeb. Lasinio tav. LXXIII).

Ueber die Geschichte des capuaner Sarkophags habe ich bis jetzt genauere Untersuchungen noch nicht angestellt; er steht in der Krypta des dortigen Domes (abgeb. bei Gerhard, Ant. Bildw. XXVI).

Dass einer dieser beiden Sarkophage die Vorlage des Meisters Jacobus war, scheint mir fast unzweifelhaft; es fragt sich nur welcher. Für die Annahme, dass der Capuaner die Motive für den Holzschnitt abgab, sprechen folgende Umstände: 1. Der Eros neben Phädra mit einem Vogel, ebenso der Putto auf dem Holzschnitt. 2. Hinter Phädra stehen die Amme und ein bärtiger Geführte des Hippolytos. Das Kopftuch der ersteren konnte wohl von einem in der Betrachtung antiker Reliefs wenig geübten Beschauer für einen Helm, der links neben dem bärtigen Kopf des Geführten sichtbare Rest für ein Eselsohr gehalten werden, so dass die Umbildung zu der gewappneten Frau und dem satyrhaften Mann des Holzschnittes eine verhältnismässig leichte war. Auf dem Pisaner Exemplar erscheinen an dieser Stelle links eine Dienerin und rechts die Amme; aus diesen lassen sich die Figuren des Holzschnittes nur schwer oder eigentlich gar nicht ableiten. 3. Auf dem Capuaner Sarkophag erhebt Hippolytos den rechten Arm, wie die entsprechende Figur des Meisters Jacobus, auf dem Pisaner Exemplar senkt er ihn. 4. Der erhobene rechte Arm des Hippolytos in der Jagdscene stimmt gleichfalls mit dem Holzschnitt, auf dem Pisaner Exemplar ist der Arm, wenigstens jetzt, gebrochen; das Speerstück in der Hand konnte zu einer Ergänzung als Anker verleiten; arbeitete Jacobus nicht nach dem Original, sondern nach einer Zeichnung, so konnte er sogar auch den Thorbogen so missverstehen, als sei es eine um den Anker gewundene Binde. Andererseits aber stimmt die bärtige Figur mit dem Dreizack auf dem Holzschnitt in Haltung und Gewandung frappant mit dem pferdeführenden Jüngling des Pisaner Exemplars überein, während die entsprechende Figur des Capuaner Exemplars weit weniger ähnlich ist.

Dass ein drittes, jetzt verschollenes Exemplar die Vorlage war, ist zwar nicht ganz ausgeschlossen, mir jedoch nicht sehr wahrscheinlich.

Das Verhältnis des Holzschnittes zu seiner antiken Vorlage ist also folgendes: Weggelassen ist die äusserste Figur von jeder Ecke, links die Dienerin der Phädra, rechts der steinschleudernde Landmann über der Höhle. Statt dessen erscheint bei Jacobus links ein oben in eine weibliche Büste auslaufender Baum, vermutlich Lorbeer, und ein posaunenblasender Eros, rechts eine weibliche Statue auf hohem Postament. Die linke Scene der Sarkophage, welche Phädra's Liebesantrag und Hippolytos' Weigerung darstellt, ist so umgebildet, dass aus Phädra eine amazonenhafte Gestalt mit dreizinkigem Anker in der Hand, aus der Amme eine gewappnete Frau, aus dem bärtigen Geführten ein satyrhafter Mann mit Eselsohren geworden ist. An Stelle des Eroten erscheinen, sehr stark variiert, spielende Putten. Hippolytos selbst hat in die rechte Hand ein Kerykeion, in die linke einen Spiegel, sein Reitknecht in die linke Hand einen Dreizack, von dem wieder ein etwas grösserer Spiegel herabhängt, in die Rechte einen Oelzweig erhalten. Das Pferd, das auf den Sarkophagen von einer Figur geführt wird, schreitet bei Meister Jacobus frei einher. Die rechte Scene der Sarkophage zeigt Hippolytos auf der Eberjagd von Virtus begleitet; diese letztere hat Jacobus fast unverändert beibehalten, nur giebt er ihr einen Zügel in die linke Hand und lässt sie mit der Rechten das Maul eines neben ihr herspringenden Rosses, wie prüfend, befühlen. Dem Hippolytos entspricht der gewappnete, einen Anker schwingende

Nachbildung lässt ihrer starken Verkleinerung wegen die Behandlung weniger breit und weniger energisch erscheinen, als sie in der That ist. Der Künstler, welcher die

Reiter. Jacobus hat also, wenn er nach dem Capuaner Exemplar arbeitete, das zweite Pferd aus eigener Erfindung hinzugesetzt. Arbeitete er hingegen nach dem Pisaner Exemplar, auf welchem neben Hippolytos ein berittener Genosse erscheint, so besteht die vorgenommene Aenderung im Weglassen dieses zweiten Reiters und Vertauschen der beiden Pferde. Statt des Ebers erscheint endlich ein feuerhauchender Drache; von den zahlreichen Jagdhunden der Sarkophage ist wenigstens ein kleiner Kläffer beibehalten worden.

Die schwierige Frage, was Jacobus mit seiner Darstellung gewollt habe, zu entscheiden, bin ich in keiner Weise kompetent. Nicht einmal darüber bin ich mir klar, ob er die Sarkophagkomposition erweitert und leicht variirt wiedergeben und dieselbe Fabel darstellen wollte, die er auf dem antiken Original dargestellt glaubte und bei dieser Annahme oben als Istoria romana bezeichnete, oder ob er die Sarkophagkomposition zur Darstellung einer andern Idee benutzt, deren Ursprung in diesem Falle nur in der literarischen Bewegung jener Zeit gesucht werden könnte. Einzelne Figuren indessen scheinen mir so deutlich charakterisirt, dass ihre Bedeutung und Benennung unzweifelhaft sein dürfte. Die Frauengestalt, welche im Begriff steht einem Ross den Zügel anzulegen, ist unverkennbar die Mässigung, die Temperantia. Danach ist man berechtigt, auch die drei übrigen Kardinaltugenden in der Darstellung als gegenwärtig vorauszusetzen. Unschwer erkennt man in dem gewappneten Reiter die Fortitudo; der nackte Jüngling wird durch den Caduceus, das Symbol des klügsten der Götter, des Hermes Trismegistos, und durch den Spiegel als Vertreter der Prudentia gekennzeichnet. Für die Justitia bleibt somit nur der bärtige Mann in der Mitte übrig, der in der Linken den Oelzweig als Symbol der Gnade, in der Rechten den Dreizack als ein, mir allerdings in dieser Verwendung sonst nicht bekanntes Symbol der Strafe trägt; leicht verständlich ist hingegen der Spiegel als Symbol der lauteren Erkenntnis, welche die unumgängliche Voraussetzung jedes gerechten Richterspruches ist. Die auffällige Erscheinung, dass drei der Kardinaltugenden, im Widerspruch mit dem Geschlecht der sie bezeichnenden Worte, männlich gebildet sind, erklärt sich zur Genüge aus der Abhängigkeit von der Sarkophagdarstellung.

Deutlich ist weiter, dass die Frauenbüste, welche im Wipfel oder vielmehr als Wipfel des Baumes erscheint, Daphne ist, natürlich nur eine mythologische Spielerei, ohne Beziehung auf die Haupthandlung. Von dem Lorbeer, dem Baum des Ruhmes, an dem noch eine Tafel aufgehängt ist, offenbar als Andeutung des auf schriftlicher Ueberlieferung beruhenden Ruhmes, fliegt ein posaunenblasender Amor aus, ein leicht verständlicher Ausdruck für den von Mund zu Mund sich fortpflanzenden Ruhm. Bedeutende Schwierigkeiten macht hingegen die Gruppe am Fuss des Baumes. Ist die im Schatten des Lorbeers sitzende Frau etwa die Virtus selbst? Aber was bedeutet dann der Anker, den wir auch schon als Angriffswaffe in der Hand der Fortitudo gefunden haben? Und was hat sich Jacobus unter den beiden Putten gedacht?

Bei den beiden Figuren im Hintergrund links wahrscheinlich eine Reminiscenz an die berühmte und besonders der Renaissance so geläufige Beschreibung Lukians von der Calumnia des Apelles unter. Der Mann mit den Eselsohren, der mit stieren Blick und erhobenen Händen die Kardinaltugenden anstarrt, entspricht dem Richter bei Apelles. Ihm in dieser Darstellung einen Namen zu geben, ist schwer; in enger Beziehung zu ihm steht das gepanzerte Weib, das ihm mit verzerrtem Gesicht und weit geöffnetem Mund in die Ohren zu schreien scheint; zu ihrer Charakteristik dient die Syrinx, welche sie an einem Stab aufgehängt trägt, und vielleicht auch das Gorgoneion auf dem Panzer. Sie dürfte etwa Calumnia oder Fama, natürlich mala Fama, zu benennen sein. Beide Figuren stehen offenbar zu der Hauptgruppe im Gegensatze.

Die Auffassung der Figur an der rechten Ecke der Darstellung mit brennender Fackel in der Rechten und dem Januskopf in der Linken wird einmal durch letzteren und dann durch die Aufschrift der Basis S·P·Q·R· bestimmt: wenn sie nicht die Roma selber ist, so ist in ihr etwa die Gloria Romana, Historia Romana, Fortuna Romana oder ein ähnlicher allegorischer Begriff dargestellt, was wesentlich dasselbe besagt, als ob wir sie Roma nennten.

Vorzeichnung entwarf, gehört unmittelbar der Richtung des Mantegna an, wenn nicht am Ende eine Zeichnung des Meisters selbst dem Holzschnitt zu Grunde liegt. Trotz der Bezeichnung auf dem Cartellino können wir dem „Jacobus" bei diesem Werke keine andere als die Rolle des ausführenden Xylographen zuweisen, und das „Opus" bezieht sich allem Anschein nach nur auf ihn als den ausführenden Xylographen. Der abgesägte Baumstamm, auf dem das Cartellino befestigt ist, und der Zirkel scheinen dies mit anzudeuten.

Wenn auch die Scheidung zwischen dem Erfinder der Komposition und dem Verfertiger der Vervielfältigung, zwischen Maler und Holzschneider in jenen Zeiten nicht immer durchaus scharf gewesen sein mag, so scheint es doch, dass wir Jacob von Strassburg vorwiegend in der letzten Eigenschaft thätig zu denken haben. Neben dem Triumph des Caesar und der Istoria romana finden wir nämlich seine Namensbezeichnung noch auf einem dritten Werke der Xylographie, aus dem sich in eklatanter Weise sein Verhältnis als Holzschneider gegenüber dem Erfinder der Komposition ergibt.

Es ist dies ein überaus prächtiger Holzschnitt des Pariser Kabinets. Das aus zwei Platten bestehende 53½ cm hohe und 38 cm breite Blatt stellt die Madonna thronend in einer von reicher Pilasterarchitektur umrahmten Nische dar. Rechts und links zu den Stufen des Thrones der hl. Rochus und der hl. Sebastian. Auf einer Tablette in der obern linken Ecke liest man: „Benedictus Pinxit", rechts auf einer eben solchen: „Jacobus Fecit". Ausserordentlich reiche, geschmackvolle Ornamentik und kleine Darstellungen der Passionsscenen bedecken die Architekturteile und den Hintergrund des Thrones.[1])

Die Bezeichnung „Benedictus pinxit" und der Typus der Zeichnung und Komposition weisen unfraglich auf Benedetto Montagna hin. Der Meister, der sich vielfach im Kupferstich versucht hat und in einigen Blättern, wie im hl. Hieronymus in der Landschaft (B. 14) und der sitzenden Madonna (B. 6) einen bedeutenden Grad von stecherischer Fertigkeit erlangt, tritt hier als Zeichner für den Holzschnitt auf. Die rundlichen vollen Formen der Köpfe, die wir in den Stichen beobachten, treffen wir auch in dem Holzschnitt wieder, und ebenso ist die Strichbildung seiner Stechweise verwandt. Er zeichnet, abweichend von der Paduaner und Mailänder Schule, mit gebogenen, den Formen sich anschmiegenden Linien, deren freie Handhabung Montagna durch Studium und Nachahmung früher Dürer'scher und anderer deutscher Stiche sich erwarb.

Endlich kann man schwanken, wie der Drache aufzufassen ist. Von vorn herein ausgeschlossen ist der Gedanke, dass er sich von der Fortitudo zu der Roma flüchtet. Hingegen könnte man denken, dass er im Begriff war die Roma anzugreifen und diese durch die Fortitudo von ihm befreit wird; dann würde der Schwerpunkt der Handlung auf der rechten Seite liegen, und schwerlich würde man umhin können, dann auch den Drachen allegorisch zu fassen und in der ganzen Scene eine Anspielung auf eine bestimmte Begebenheit, vermutlich in der literarischen Bewegung jener Tage, zu sehen. Weit wahrscheinlicher aber ist es mir, dass der Drache mit der Scene gar nichts zu thun hat, sondern nur zu der Fortitudo gehört als deren Gegner.

Ich vermute also, dass das Blatt einfach die vier Kardinaltugenden darstellt und zwar speziell in dem Sinne römischer Kardinaltugenden".

Vielleicht führt die Publikation des merkwürdigen Holzschnittes dazu, die endgültige Deutung der Darstellung anzubahnen.

[1]) Eine verkleinerte Nachbildung bei Delaborde: La Gravure en Italie, S. 231.

An dem grossen Holzschnitt der „Madonna mit den zwei Heiligen" kann man erkennen, wie sich der Holzschneider in Bezug auf die Manier des Vortrages der Vorzeichnung oder der Vorlage anpasst. An Stelle des Systems der mantegnesken Art der Strichbildung arbeitet Jacobus hier mit körperbildenden Taillen und Kreuzlagen. Der Schnitt ist nicht minder vortrefflich wie in der „Istoria Romana", breit, frei und präcise, von kräftiger Gesammthaltung und für die grossen Dimensionen auf das Beste berechnet, beruht aber auf einem ganz andern System der Zeichnungsart.[1])

Die Thätigkeit des Jacob von Strassburg lässt sich mit Bestimmtheit nur an den drei soeben erwähnten Holzschnitten nachweisen. Die vorhin berührte Frage, ob das Monogramm IA auf „Jacobus" zu deuten ist, wird durch die Existenz der signierten Holzschnitte allerdings nicht gelöst, aber doch vielleicht ihrer Lösung näher gerückt.

Nach dem „Ovid" von 1497 treffen wir diese Marke noch bis etwa um 1520 hin häufig in den Illustrationen geistlicher Andachtsbücher, die, reich ausgestattet mit Bildern, Randleisten und Initialen, aus venetianischen Offizinen hervorzugehen pflegen. Die Herstellung prächtig illustrierter Breviarien, Officien und Missalen wird in Venedig im Anfang des sechszehnten Jahrhunderts in grossem Umfange betrieben, ähnlich wie gleichzeitig in Paris das Drucken der illustrierten Horarien einen besonderen Zweig der typographischen Industrie bildet. Wenn auch nicht so zahlreich wie die unabsehbare Reihe der Pariser „Livres d'heures", so bilden doch die Venetianischen Breviarien, Missalen und Officien eine lange Serie. Mit grosser Geschicklichkeit sind die Figurendarstellungen und die Ornamentenbordüren zur Einfassung der Blattseiten angeordnet und heben sich wirkungsvoll von dem schönen Typendruck in Rot und Schwarz ab. Im Wetteifer und zum Ersatz der jetzt immer mehr aus dem Gebrauche verschwindenden Arbeit der Miniatoren trachten die Buchdrucker alle ihnen erreichbare Pracht zu entfalten.

Trotz solcher Ausstattung ist diese Gattung illustrierter Drucke kunstgeschichtlich weniger anziehend und wichtig, als es von vorne herein scheinen möchte. Die Illustrationen haben meistens ein vorwiegend fabrikmässiges Gepräge — auch in dieser Beziehung ähnlich den Livres d'heures. Man überzeugt sich bald, dass es im Durchschnitt die Werke zwar routinierter, aber ziemlich untergeordneter, handwerkmässig nach gewissen Schablonen arbeitender Künstler sind. Dabei kehren dieselben Zierleisten im Buche fortwährend wieder — was die Einförmigkeit nicht wenig steigert — und natürlich auch dieselben Stöcke in verschiedenen Auflagen und verschiedenen Büchern. Die Offizin des Lucantonio da Giunta ist hauptsächlich in diesem Genre thätig. Bald nach 1500 datieren die verhältnissmässig besten dieser Illustrationsbücher. Der Künstlerische Werth wird in den später erscheinenden, mit wenigen Ausnahmen, immer geringer und sinkt, je weiter, desto mehr. Durch neueres Abdrucken, Kopieren, und Nachahmen der Stöcke erhält sich aber hier der ältere venetianische und

---

[1]) Eine alte, wohl ziemlich gleichzeitige, freie Kopie in Holzschnitt der grossen Madonna des Bartolomeo Montagna und Jacob von Strassburg besitzt die Privatsammlung S. M. des Königs von Sachsen in Dresden. Die Komposition ist vereinfacht und zusammengerückt, das reiche, architektonisch ornamentale Beiwerk zum Teile weggelassen, doch die Stellung der Madonna, des Christkindes und der beiden Heiligen dieselbe, nur erscheinen auf dem Dresdener Blatte der hl. Sebastian links und der hl. Rochus rechts. Unten an der Stufe des Thrones ist ein Triumphzug des Christkindes, das von Engeln getragen und umgehen ist, sichtbar. Auf dem Unterrande des Blattes steht die Adresse des Druckers oder Verlegers: „In Verona per Bartolomeo Merlo". Ein Fragment desselben Holzschnittes ist im Berliner Kabinet. Das Dresdener wie das Berliner Exemplar ist alt koloriert.

mantegneske Stil der Behandlung merkwürdig lange und konserviert, ähnlich wie auch anderwärts in illustrierten Druckerzeugnissen, das Quattrocento bis weit in das XVI. Jahrhundert hinein.

Ein grosser Teil dieser Holzschnitte stammt, wie das häufig auf ihnen anzutreffende Monogramm Z. A. beweist, aus der Bottega des Zoan Andrea her. Ab und zu zeigt sich bei diesen etwas frischere Auffassung und Behandlung, in der überwiegenden Mehrzahl sind es aber einförmige, und eigentlich mehr gewerbliche als künstlerische Produktionen.*)

Aus dem „Missale Romanum". Venedig 1509.

In einem der schönsten Bücher dieser Art, einem Missale Romanum, das in Venedig nach 1500 in verschiedenen Ausgaben erscheint, tragen zahlreiche Holzschnitte das Zeichen ʟ. †)

*) Auf diese Gruppe der venetianischen illustrierten Andachtsbücher vermögen wir schon darum nicht näher einzugehen, weil sie sämtlich dem sechzehnten Jahrhundert angehören, also ausserhalb der Grenze unserer hier beabsichtigten Darstellung stehen. Bei der Seltenheit und bei der doch grossen Zahl der verschiedenen Ausgaben würden einzelne Titelangaben an dieser Stelle wenig Nutzen haben. Einiges ist bei Brunet unter den Schlagworten „Breviarium", „Missale" und „Officium" verzeichnet, eine genügende Bibliographie aber nirgend vorhanden. Ein prächtiges Buch der Gattung ist ferner auch die Bibel in czechischer Sprache, 1506 in Venedig „in Edibus Petri Lichtenstein Coloniensis Germani" gedruckt.

†) Das Exemplar des Berliner Kupferstichkabinets hat den Titel: Missale Romanum multis figuris historiis(que) suis in locis recte appositis necno(n) bene corectum ac divine

Die Figuren-Kompositionen sind von einem tüchtigen Künstler der Richtung des Cima da Conegliano gezeichnet und sehr sorgfältig geschnitten. Diese Holzschnitte sind in allen Beziehungen durchaus verschieden von den mit demselben Monogramm ia bezeichneten im Ovid von 1497, aber die vollständige Gleichartigkeit der Bezeichnung da und dort gestattet doch keine andere Annahme, als dass alle diese Schnitte von einer und derselben Hand herrühren. Die Verschiedenheiten des Stiles und der Ausführung beweisen, wie ich meine, dass das Monogramm ia nur das Zeichen des Xylographen ist und sich lediglich auf diesen, nicht aber auf den Verfertiger der Vorzeichnung bezieht.

Bei Monogrammen und Künstlerbezeichnungen auf Holzschnitten haben wir zwei Arten von Signaturen auseinander zu halten: die des erfindenden (vorzeichnenden) Meisters und die Signatur des Xylographen. Bei Dürer, Cranach z. B. tritt der Xylograph völlig in den Hintergrund, hingegen pflegen in einer gewissen späten Gruppe deutscher Holzschnitte die Holzschneider ihr eigenes Monogramm oft neben dem des Zeichners anzubringen und ihr Handwerk durch Beifügung eines kleinen Schneidemessers kenntlich zu machen. In Italien und in der Epoche, die uns hier beschäftigt, kommen solche Doppelbezeichnungen nicht vor, und wir können nur auf Umwegen zu ermitteln versuchen, ob ein Monogramm dem Erfinder oder dem Holzschneider angehört.

Wir werden annehmen dürfen, dass sich eine Signatur auf den Xylographen oder die Xylographenbottega bezieht, wenn die gleiche Signatur auf einer Reihe von Arbeiten vorkommt, die unter sich bedeutende Verschiedenheiten im Kunstcharakter der Vorzeichnung aufweisen. Solche Holzstöcke werden von verschiedenen Händen gezeichnet, aber sämtlich von ein- und demselben Xylographen, demjenigen der sein Monogramm auf ihnen angebracht hat, geschnitten sein. Ein derartiges Monogramm werden wir eine „Holzschneidermarke" nennen dürfen.

Durch das Vorkommen auf Holzschnitten von unter einander ganz verschiedenem Stilcharakter kennzeichnet sich unserer Meinung nach die Marke ia ziemlich deutlich als Holzschneidermarke. Es erscheint möglich und vielleicht wahrscheinlich, dass sie auf „Jacobus" zu deuten ist, denselben Jacobus, der seinen Namen auf der „Istoria Romana" und der grossen Madonna des Pariser Kabinets angebracht hat, und der sich auf dem Triumph des Caesar „Jacob von Strassburg" nennt.

Wenn dies sich in der That so verhält, so haben wir wenigstens die Feststellung eines Künstlernamens für den alt-venetianischen Holzschnitt gewonnen, und das Monogramm ia wäre zu scheiden vom Zeichen Z. A. des Zoan Andrea, mit dem es bisher zusammengeworfen wurde.[1]

---

scripture (et) doctoru(m) sanctoru(m) auctoritatibus ad seruitutem congrue;n'tiam decoratu(m): que omnia hactenus in alijs no(n) fueru(n)t impressa vel saltem) in locis p(ro)prijs no(n) bene situata vt in hoc nuperime imp(re)sso. ꝗ. Am Ende: Accipite optimi sacerdotes Missale iuxta more(m) Roma,n|e ecclesie expletu,m) . . . . p(er) venerabile(m) patre,m, fratre(m) Albertu m) castellanu(m) venetu(m) decoratu,m): impe,r,sis(que) Bernardini stagnini montisferulis: Leonardo Lauredano serenissimo venetiar|um, pri n,cipe |(m)pera,n'te: Anno a natiuitate . M. CCCCC. IX. Quin|to nonas Julij i.n, alma venetiar.um) vrbe impressu(m): . . . . 8⁰.

[1] Dass Holzschnitte mit dem Monogramm ia gelegentlich in denselben Illustrationswerken neben Schnitten des Vavassore ,Z. A: vorkommen, wie z. B. in der nach 1511 bei Alexandro Pagano gedruckten Apokalypse mit Kopien nach den Dürer'schen Illüsern, widerspricht nicht der oben vorgetragenen Ansicht. Der Drucker liess eben die Schnitte von verschiedenen Holzschneidern herstellen.

momento fui per laire deportata & demiſſa. Et quiui dicio cum il batente core, oltra il credere iſpauentata di tanto repétino caſo & tanto iſperato, Incominciai di ſentire quello che ancora io uoleua, guai guai ſortiſſimamente exclamare, cum feminei ullulati, & uoce flebile, & pauuroſi lamenti, quáto piu ualeuano. Quale ſentite & uide il Nobile rauennate.

 Oue ſenza induciauidi diſordinariamente uenire due doléte & ſiagurate fanciulle, indi & quindi, & ſpeſſo ceſpitante, ſúma puocatione di pietate, ad uno ignitato uehiculo angariate, & cum cathene candente di forte Calybeal iugo illaqueate. Lequale duramente ſtringiente le tenere & biáchiſſime & plumee carne peruſtulauano. Et decapillate nude, cum le brace al dorſo reuinéte, miſerabilmente piangeuano, le mandibule ſtridéte, & ſopra le infocate cathene le liquante lachryme friſſauano. Inceſſantemente ſtimolate da uno iſiammabondo & ſenza iſtima furibondo, & implacabile fanciullo. Ilquale alligero di ſopra ardente ueha ſedeua, Cum laſpecto ſuo formidabile, Piu indignato & horribile non fue la terribile Gorgonea teſta ad Phineo, & alli cópagni, Cum beluina rabie & furore, Et cum uno neruico & icendioſo flagello, ſeramente percoteua, ſenza pietate ſtimulante le inuinculate puelle. Et cum magiore uindicta di Zeto & Amphyone, contra Dirce nouerca.

Wenn die „Holzschneidermarke" sich dadurch kenntlich macht, dass sie auf Holzschnitten, die in ihrer Zeichnungs- und Stilweise unter sich sehr verschieden sind, gleichmässig vorkommt, so würde noch zu untersuchen sein, ob sich als Gegenstück zur „Holzschneidermarke" auch Monogramme der erfindenden Künstler, der Urheber der Vorzeichnungen, analog etwa der Marke Dürer's oder Cranach's, innerhalb der italienischen Xylographie der hier behandelten Epoche vorfinden. Die Monogramme erfindender Künstler wollen wir der Kürze halber „Malermarken" nennen. Der Komponist und Erfinder, der Maler, wird im Laufe seiner Thätigkeit veranlasst und genötigt sein, seine Zeichnungen für den Holzschnitt von mehr als einem Xylographen ausführen zu lassen. Dass dies bei Dürer u. A. wirklich der Fall war, wissen wir. Jennoch ist der Typus eines Dürer'schen Holzschnittes innerhalb gewisser Grenzen feststehend. Der Stilcharakter eines Holzschnittes wird eben durch den „Maler" gegeben, die Qualität der Arbeit wechselt nach der grössern oder geringern Tüchtigkeit des Xylographen. Als weitere Folgerung wird sich ergeben: dass, wenn wir auf einer Reihe von Holzschnitten, welche unter sich der Qualität (Güte) der Arbeit nach zwar verschieden sind, aber in der Zeichnungs- und Stilweise wesentliche Uebereinstimmungen zeigen, dieselbe Marke finden, wir diese Marke als eine Malermarke anzusehen haben. Der venetianische Holzschnitt des XV. Jahrhunderts giebt uns Gelegenheit, diese Theorie anzuwenden. Es handelt sich um den Meister der Holzschnitte der „Hypnerotomachie des Poliphilo".

Dieses merkwürdige, vielerörterte Buch des nachmaligen Dominikanermönches Francesco Colonna oder Colonna, geb. um 1433, gest. im Kloster von San Giovanni e Paolo in Venedig um 1527, ist bekanntlich ein allegorisch-visionärer Roman, zu dessen Abfassung der altern, vielleicht erst hinterdrein entstandenen Erzählung nach ein wirkliches Liebesverhältnis des Autors zu einer Dame, „Ippolita", den Anlass gegeben haben soll. Durch den Eintritt Ippolita's in ein Kloster ihm unerreichbar geworden, verewigt er seine Liebe zu ihr in einem schwärmerischen Roman. Wie Dante's Beatrice, so wird Ippolita, im Roman „Polia" genannt, Führerin des Autors in einem Traumland, das er an ihrer Hand als Liebender der Polia, als „Poliphilo" durchwandert.

Auch der Eingang des Buches ist der Divina Commedia entlehnt: Der Autor verirrt sich im Walde, ermüdet fällt er in Schlaf, der Traum den er träumt ist die „Hypnerotomachia", der Kampf der träumenden Liebe.

Das Fabelland, welches Poliphilo und Polia durchziehen, ist das Reich der klassischen Kunst, wie es sich in den Ideen des Quattrocento malt. Vorwiegend ist es die Architektur, der die Wanderung ins Altertum gilt.

Francesco Colonna schrieb die Hypnerotomachie um 1467. Der Erstlingsdruck aus der Offizin des Aldus Manucius, mit dem wir uns hier beschäftigen, wurde durch den Veroneser Rechtsgelehrten Leonardo Crasso veranstaltet und dem Herzog Guido von Urbino gewidmet. Diesem Druck liegt vielleicht eine nur unvollständige Handschrift zu Grunde, dass aber Aldus Manucius das ziemlich konfuse Buch seines Verlages und der prächtigen typographischen Ausstattung die er ihm gab, wert hielt, scheint dafür zu sprechen, dass in dem Kreise der Freunde des klassischen Altertumes welche sich um Aldus scharten, die Hypnerotomachie ein gewisses Ansehen genossen haben muss.[1]

---

[1] Die beste Abhandlung über die Hypnerotomachie bleibt noch immer die von Johann Dominicus Fiorillo in dessen „Kleinen Schriften" Göttingen 1803, Bd. I S. 153. Die umfang-

Die zahlreichen Holzschnitte in der Aldiner Ausgabe bezeichnen den Höhepunkt
der venetianischen Xylographie des Quattrocento. Wohl war der Künstler, der sie
entwarf, nicht immer im Stande, die Ideen des Textes mit voller Bewältigung des
Stoffes bildlich zu gestalten, dazu hätte es eines grösseren Meisters bedurft. Ihm fehlte
es an Kraft der Phantasie und an Selbständigkeit der Konzeption, seine Erfindungen
werden häufig lahm, weil er sich ängstlich an die Worte des Autors klammert. Aber
trotzdem hat er doch eine Reihe höchst anmutiger und reizender Kompositionen geschaffen. Dabei ist die Zeichnung fein und den Bedingungen des Umrissschnittes vortrefflich angepasst, die Linien klar, wohl abgewogen, der Innen- und Aussenkontur
der kräftigen Züge höchst sorgfältig und rein durchmodelliert. Der Holzschneider ist

Poliphilo am Waldessaum schlafend.
Aus der „Hypnerotomachia Poliphili". Venedig, Aldus Manutius 1499.

den Intentionen des Zeichners mit wahrer Meisterschaft gerecht geworden, nur einige
Stöcke sind flüchtiger oder vielleicht von geringerer Hand ausgeführt.

Die Illustrationen fügen sich in ihrer einfachen und klaren Weise überaus har-
monisch der eleganten Antiqua-Type an; das Buch ist unstreitig eines der schönsten,
welche je aus der Druckerpresse hervorgingen.

reiche Dissertation von Albert Ilg: „Ueber den kunsthistorischen Wert der Hypnerotomachia
Poliphili, Wien 1872. 8°, lässt vielleicht zumeist deshalb zu wünschen übrig, weil Ilg seinen
Vorgänger Fiorillo nicht kannte.

Die Beschreibung der Kompositionen dürfen wir hier um so eher übergehen, als die „Hypnerotomachie" keineswegs ein sehr seltenes Buch genannt werden kann. Im Jahre 1545 wurde es in der Aldini'schen Offizin, deren Haupt damals Paulus Manucius war, neu gedruckt, mit denselben Holzschnitten, derselben Type, nur teilweise mit andern Initialen. Diese zweite Ausgabe steht aber der 1499er an Schönheit besonders dadurch weit nach, dass die Holzschnitte infolge unrichtiger Behandlung der Stöcke sämtlich blass und unschön abgedruckt sind. Eine französische freie Uebersetzung des Textes erschien bei Jacob Kerver in Paris in drei Ausgaben 1541, 1554 und 1561, dann noch 1600. Die Illustration der französischen

Buchdruckerzeichen des Johannes Tacuino de Tridino in Venedig.

Umarbeitung sind freie Kopien der italienischen Holzschnitte und zum Teil sehr reizend in den Stil der Lyoner Kunstweise des XVI. Jahrhunderts übertragen. Firmin Didot schreibt sie in seinem Werke über Jean Cousin diesem Künstler zu.

Die Frage nach dem Urheber der Holzschnitte der Venetianer Hypnerotomachie ist oft aufgeworfen und vielfach erörtert worden. Dem Mantegna, „Bellini" (welchem?), Botticelli, ja sogar Raphael wurden sie der Reihe nach zugeschrieben.

Von diesen ältern Meinungen kommt die Zuschreibung an „Bellini" der Wahrheit insofern am nächsten, als der Meister des Poliphilo unzweifelbar der bellineken Kunstrichtung angehört, die andern Ansichten bedürfen kaum mehr einer besondern Erörterung. Auf „Bellini" schien der venetianische Ursprung des Buches und das

Monogramm b, welches sich auf einem der Holzschnitte am Anfange des Buches findet, hinzuweisen. Der Buchstabe b verleitete auch zu der früher gelegentlich auftauchenden Meinung, dass Sandro Botticelli die Zeichnungen zur Hypnerotomachie entworfen hätte.

Die Marke „b" haben wir auf venetianischen Vignettenillustrationen bereits kennen gelernt, und haben gesehen, dass die Reihe der Bilderbücher, in denen sie vorkommt, mit der Malermi-Bibel von 1491 beginnt. Vergleicht man die Holzschnitte der Malermi-Bibel, des „Terenz" von 1497, kurz die Illustrationen der „b" Gruppe mit denen der Hypnerotomachie, so zeigt sich in ihnen allen das gleiche Prinzip der Zeichnungsweise mit seinen klaren Umrissen, ohne oder mit nur geringer Modellierung der Innenformen. Auch herrscht in allen ein durchgehender Typus der Kompositionsweise und der Auffassung der Körperformen. Der Künstler liebt es, seine Gruppen möglichst einfach und ohne viele Ueberschiebungen, in ruhiger, gewissermassen feierlicher Anordnung zu stellen. Die Figuren sind dabei gut bewegt, haben aber etwas Unbestimmtes und Weiches im Bau, trotz der Sorgfalt mit der ihre Bewegungen gegeben sind.

Die xylographische Ausführung ist schon in der Malermi-Bibel in den verschiedenen Vignetten ungleich, ebenso in den übrigen Schnitten der „b"-Gruppe, und was endlich die Illustrationen der Hypnerotomachie betrifft, so heben sie sich durch die Vortrefflichkeit der technischen Behandlung beinahe vor allen ähnlichen venetianischen Produktionen hervor.

Wir dürfen hier nicht unerwähnt lassen, dass ein Monogramm, welches dem „b" teilweise ähnlich sieht, aber mit einem M und überschriebenen o verbunden ist, auf einem venetianischen Holzschnitt kurz nach 1500 vorkommt. Dieser Holzschnitt stellt Johannes den Täufer dar und diente dem Venetianer Typographen Johannes Tacuino de Tridino als Druckermarke, deren er sich wohl mit Anspielung auf seinen Taufnamen bediente, meines Wissens zum ersten Male 1506 auf dem Buche des B. Brugnoli: Tullii de Officiis, Amicitia Senectute. Paradox ejusdem. Fol.

Von dem Meister der Hypnerotomachie kommt der Holzschnitt, der das Signet des Tacuino bildet, sicherlich nicht her, wohl aber lässt sich das Monogramm bMo, wie mir scheint ungezwungen, auf Benedetto Montagna beziehen, den wir als Holzschnittzeichner bereits kennen gelernt haben. Mit Montagna und der Veroneser Kunstrichtung hat die herbe Figur des Johannes weit mehr Verwandschaft als mit den weichen Formen des Meister „b".

Die stilistische Verwandschaft der Holzschnitte der „b"-Gruppe untereinander gestattet anzunehmen, dass jenes „b" keine Holzschneidermarke, sondern eine Malermarke, das Zeichen des erfindenden Urhebers aller dieser Illustrationen ist.

Bei der Umschau nach einem Künstler, mit dessen Thätigkeit und mit dessen Namen die Urheberschaft der Holzschnitte mit dem Monogramm b vereinbar wäre, wird man auf Jacopo del Barbari hingeleitet. Wir wissen, dass Jacopo um jene Zeit in Venedig lebte, und von ihm ist bezeugt, dass er sich mit Holzschnitt und Kupferstich beschäftigte.

Die neuere Forschung zweifelt nicht mehr, dass die beiden in Erwähnungen der Zeitgenossen vorkommenden Namen „Jacopo dei Barbari" und „Jakob Walch" ein und dieselbe Person bezeichnen.[1]

---

[1] Crowe u. Cavalcaselle: Ital. Mal. deutsch von Max Jordan V. I S. 238; Thausing: Dürer. II. Aufl. I S. 291; Lochner: „Neudörfer" S. 130, 134 ff.

Vielfach gilt die Ansicht, dass „Walch" ein dem Künstler in Deutschland gegebener Beiname sei, und soviel als Wälscher bedeute, während daneben doch allgemein angenommen wird, dass auch „de Barbari" oder „de Barbaris" nicht sein eigentlicher Familienname ist.[1])

Dürer nennt ihn Jacob Walch: „.... do sahe ich anderer guter ding von Johannes Jacobs Walchs. Ich bat mein frauen umb maister Jacobs büchlein, aber sie sagt, sie hette ihrem Maler zugesagt", heisst es im Niederländischen Reisetagebuch bei Gelegenheit des Besuches bei der Erzherzogin Margarethe von Oesterreich in Brüssel.[2]) Hier erscheint „Walch" ganz als Familienname, würde es den „Welschen" bedeuten, so würde Dürer wahrscheinlich gesagt haben „Jacob den Walch". Uebrigens scheint mir es gar nicht ausgemacht, dass „Walch" für „Italiener" gebräuchlich war. Die bei Dürer vorkommende Form ist „Wahle": „auch hab ich den wahlen mit der krummen Nasen conterfet mit nahmen Opitius", heisst es ebenfalls im „Tagebuch" (Leitschuh a. a. O. S. 54, 24).

In Venedig finden wir einen deutschen Buchdrucker, der sich in den Schlussschriften der von ihm gedruckten Bücher Georg Walch schreibt, zwischen 1479 bis 1482.[3] Einen Maler „N. Walch" finden wir in Nürnberg 1442 als ansässigen Meister erwähnt und an der Herstellung der Malereien im Rathause thätig.[4]

Dass zwei Träger des Namens Walch, der Buchdrucker Georg und unser Barbari-Walch, ungefähr zur gleichen Zeit in Venedig vorkommen, ist sicherlich ein bemerkenswertes Zusammentreffen. Wäre Walch ein blosser Beiname mit der Bedeutung „Wälscher", wie kämen Deutsche dazu ihn in Italien zu führen? Zum mindesten ist die Vermutung gestattet, dass Walch-Barbari von deutscher Abkunft war und erst später seinen Familiennamen aus irgend einem Grunde in Barbari umänderte. Dürer nennt in der ungedruckten Vorrede zur Proportionslehre[5]) den Jacobus „von Venedig geboren ein guter lieblicher Maler" und in gleicher Weise spricht der Anonymus des Morelli und Geldenhauer von „Jacobo Barberino Veneziano". An der venetianischen Geburt des Künstlers ist daher kaum zu zweifeln. Später mag der Familienname Walch ganz in Vergessenheit geraten sein, und Neudörffer spricht von ihm bereits als „Jacob, Walch genannt, Maler".[6]

Aus einigen vor Kurzem bekannt gewordenen urkundlichen Erwähnungen geht hervor, dass Barbari schon 1500 Venedig verliess, um in Nürnberg in den Dienst des Kaiser Maximilian als „Illuminator" zu treten.[7])

Wir erfahren nicht, welcher Art die Aufträge waren, die er in Nürnberg für seinen kaiserlichen Herrn auszuführen hatte, er blieb aber daselbst bis 1504. Weiter finden wir ihn dann in den Niederlanden in Gemeinschaft mit Mabuse an der Ausmalung des Schlosses Zuytborch für den Grafen Philipp, natürlichen Sohn Herzogs Philipp von Burgund, beschäftigt. 1506 ist er als „Valet de chambre et peintre attaché à la

---

[1]) Thausing: a. a. O. S. 292.
[2]) F. Leitschuh: Dürer's Tagebuch. Leipzig 1884. 8°. S. 87.
[3]) Vergl. meine Anzeige zu Thausing's „Dürer" I. Aufl. Repert. f. K. I 1876. S. 294 ff.
[4]) Baader: Beiträge zur Kunstg. Nürnbergs 1860, II. S. 4 und 39.
[5]) Zahn, Jahrb. f. Kunstw. I S. 143; Herzen, Naumann's Archiv I S. 211.
[6]) Lochner: Johann Neudörfer, Wien 1875. 8°. S. 130.
[7]) Diese von F. Keyssl veröffentlichten Urkunden abgedruckt bei Thausing: a. a. O. S. 292 Note 1.

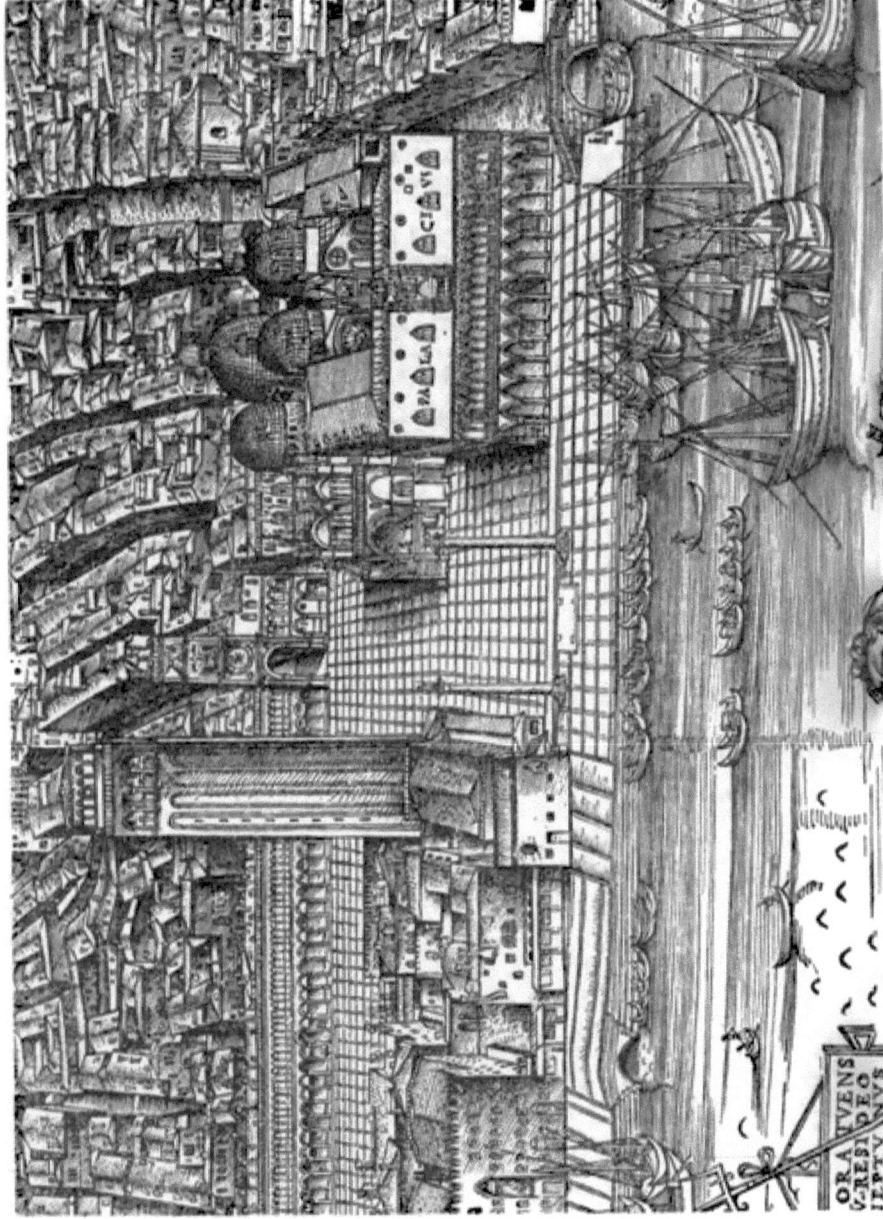

1

princesse" der Erzherzogin Margaretha, Regentin der Niederlande, in welcher Stellung er bis zu seinem vor 1516 erfolgten Tode geblieben zu sein scheint.

Die vermittelnde Stellung zwischen deutscher und italienischer Kunst und die vielen Beziehungen des Walch-Barbari zu Deutschland haben wahrscheinlich ihren Ursprung in seiner deutschen Herkunft. Die Vermutung liegt nahe, dass er der in Venedig geborene Sohn einer deutschen Familie Walch ist. Von Hause aus scheint ihm die Beschäftigung mit der Holz- und Kupferplatte vertrauter zu sein als der Mehrzahl seiner venetianischen Genossen.

Wir besitzen ein nahezu vollgültiges Zeugnis, dass Jacopo der Verfertiger eines der grossartigsten und merkwürdigsten Holzschnitte ist, die je gemacht wurden. Es ist dies die Ansicht von Venedig vom Jahre 1500.

Das fast zwei Meter breite und mehr als anderthalb Meter hohe Panorama ist ein Meisterstück an Uebersichtlichkeit und Klarheit der Disposition, und in Anbetracht der Neuheit des Gegenstandes in jenen Zeiten in hohem Grade bemerkenswert durch die Korrektheit der Perspektive. Es ist ein Mittelding zwischen einem horizontal projicierten Plan und einer aus idealer Perspektive konstruierten Vedute. Keiner der vielen, oft sehr umfangreichen Prospekte, welche im Laufe des XVI. Jahrhunderts von fast allen bedeutenderen Städten Europa's angefertigt wurden, erreicht oder übertrifft jenes „Venedig" an Gediegenheit der Ausführung.

Drei Jahre nahm die Arbeit in Anspruch. Anton Kolb, der Nürnberger Kaufmann, auf dessen Kosten sie ausgeführt wurde, richtet ein Gesuch an die Signoria, den Holzschnitt für drei Gulden per Exemplar überallhin ohne Abgabe und Zoll verkaufen zu dürfen. Kolb übertreibt in dem Bittgesuch wahrlich nicht, wenn er sein Verlangen durch die unglaublichen Schwierigkeiten begründet, die es gekostet hat, eine richtige Zeichnung zu Wege zu bringen, durch den grossen Umfang des Werkes und die Grösse der Blätter, wie sie bis dahin noch nie gemacht worden waren, durch die Neuheit der Kunst, Stöcke von solchem Format zu drucken und die Mühe, alle genau passend zusammenzusetzen, Dinge, welche kaum nach ihrer Bedeutung vom Publikum gewürdigt würden (... le qual cosse fusse non essendo per suo valor stimato dal zentel.[1])

Ausser der Jahreszahl 1500 ist eine Bezeichnung oder ein Monogramm auf dem Venedig vorstellenden Holzschnitt nicht vorhanden, denn der Schlangenstab, welchen der im obern Teil der Vedute in den Lüften erscheinende Merkur hält, kann doch kaum als Zeichen des Künstlers gelten, wenn auch Barbari sonst den Merkurstab als Marke auf seine Stiche setzt.

Die Autorschaft des Jacopo dei Barbari für die grosse Ansicht von Venedig ist nirgend bezeugt oder unmittelbar erweisbar. Wir kennen nur die Stelle im Briefe Dürer's an Pirkheimer (Campe, Reliquien Seite 3a): „...... Antoni Kolb schwer is eyt; es lebe kein pesser Moler awff erden den Jacob". Endlich erfahren wir auch neuerdings, dass Kolb zusammen mit Barbari nach Nürnberg in den Dienst des Kaisers berufen wird.[2]

Die historische Grundlage für die Annahme, dass die Ansicht von Venedig ein Werk des Barbari sei, beruht bis heute lediglich auf den oben erwähnten Beziehungen

---

[1] Harzen a. a. O. nach Cicogna: Delle Inscrizioni Veneziane. Ven. 1824—43. 4°.
[2] Vergl. die oben citierten Urkunden bei Thausing. Vielleicht erfolgte die Berufung Kolb's, um seine Erfahrungen, welche er im Drucken grosser Holzplatten bei der Herausgabe der Ansicht von Venedig gesammelt, für die kaiserlichen Aufträge zu verwerten.

Kolb's zu Barbari-Walch, und auf der Voraussetzung, dass der von Kolb so gepriesene „Meister Jacob" eben Barbari ist. So wenig gewagt diese Schlussfolgerungen auch sein mögen, so könnten sie allein nicht genügen, die Autorschaft Barbari's darzuthun, wenn nicht der Charakter der Zeichnung der auf der Ansicht von Venedig vorkommenden Gestalten des Merkur und Neptun für ihn unwiderleglich sprechen würde.

Diese Gestalten zeigen die Art der Körperbildung, die man auf den Gemälden und Stichen des Barbari findet, den weichen knochenlosen Bau und die ihm eigene Unklarheit in den Verbindungen der Gliedmassen. Dabei ist der Aufbau des Körpers ziemlich sorgfältig, aber doch bloss äusserlich studirt. Im merkwürdigen Gegensatz zu der Verschwommenheit dieser und seiner sonstigen Figuren stehen die überaus energievollen markigen Köpfe der mit vollen Backen blasenden acht „Winde" in den Himmelsgegenden der Planansicht. Ebenso möchte man dem Können und künstlerischen Charakter des Barbari von vorne herein kaum zutrauen, die endlosen architektonischen und perspektivischen Details der kolossalen Vedute mit solcher Schärfe und Klarheit durchzuarbeiten. Zwei andere grosse Holzschnitte, die Friedrich von Bartsch zuerst beschrieben und dem Barbari zugetheilt hat,[1]) tragen in ihren Figuren so sehr den Stempel seiner Zeichnungsweise, dass man sie unbedenklich als seine Arbeiten betrachten darf. Die Beschreibung dieser beiden Blätter hat der oben genannte Autor und weiterhin Passavant (P. G. III S. 141) ausführlich gegeben. Das eine von ziemlich quadratischer Form, 39 cm hoch und 49½ cm breit, stellt einen Kampf nackter Männer gegen ein Heer von Satyrn dar, die Scene geht in einer bergigen Landschaft vor sich. Die andere grössere, friesartige, aus drei Platten zusammengesetzte Darstellung (1,27 m lang und 29 cm hoch), ist eine Art Triumphzug des einen Geldsack in den Armen haltenden Amor auf einem von Sirenen gezogenen Wagen, umgeben von einer Menge Figuren und allegorischen Gestalten.

Auf dem erstgenannten Blatt hält ein Mann einem Dreizack mit einer Tafel, auf welcher die Buchstaben Q · R · F · E · V · zu lesen sind. F. von Bartsch deutet sie als „quod recte factum esse videtur" — ob diese Auslegung richtig ist, muss dahingestellt bleiben. Auf dem grössern friesartigen Blatt finden sich dieselben Buchstaben, ausserdem tragen Männer eine Tablette, auf welcher die Worte zu lesen sind: „Virtus excelsa cupidinem ere regnantem domat".

Dieses letztere Blatt gehört ohne Zweifel dem Darstellungskreis der allegorischen „Triumphe", der sich wesentlich in Neu- und Weiterbildungen der Triumphe des Petrarca erschöpft, und im XV. und XVI. Jahrhundert ein so vielbeliebter Stoff künstlerischer Verbildlichung war. Vielleicht gelingt es früher oder später, diese wie viele andere heute noch nicht erklärten Kompositionen auf ihre literarische Quelle zurückzuführen. Ob das andere Blatt mit dem Kampf der Männer und Satyrn in der That den Kampf der „Tugend gegen das Laster" symbolisieren soll, erscheint wohl möglich, immerhin aber noch nicht ausgemacht.

Künstlerisch stehen diese beiden Holzschnitte nicht auf gleicher Höhe wie die Ansicht von Venedig. Die Zeichnung der Figuren und der Landschaft ist flüchtiger, wenig ausführlich, und von geringerer Durchbildung als dort. In der Landschaft, namentlich in den Hintergründen zeigt sich der deutsche Einfluss noch mehr als in sonstigem Werken des Barbari. Die technische Behandlung des Schnittes ist weit

---

[1]) Die Kupferstichsammlung der K. K. Hofbibliothek in Wien. Wien 1854. 8°. No. 366, 367.

weniger fein, scharf und präcise und offenbar von geringern Händen als jene waren, die an der grossen Vedute arbeiteten.

Es drängt sich die Frage auf, was Barbari veranlasst haben mag, diese grossen Blätter im Holzschnitt auszuführen, denn sie haben ganz den Anschein, mehr der gelehrten Kombination eines Literaten als selbständiger Erfindung eines Künstlers ihren Ursprung zu verdanken. Vielleicht gehören sie zu jenen Arbeiten, die Barbari als „Illuminator" auszuführen hatte, als er, wie wir jetzt wissen, zwischen 1500 und 1504 für Kaiser Max in Nürnberg thätig war, und bilden möglicherweise den Anfang der Reihe von Triumphen und Verherrlichungen, mit deren Entwerfen jener Herrscher sich und seine gelehrte und künstlerische Umgebung soviel beschäftigte.

Wenn das Monogramm „b", welches einer der Holzschnitte der Hypnerotomachie trägt, zunächst darauf hinführt, unter diesem Initial den Meister Barbari zu vermuten, so fördert doch andererseits die Vergleichung der Illustrationen in diesem Buche mit den soeben besprochenen grossen Holzschnitten ausserordentlich wenig Anhaltspunkte zu Tage, um aus ihnen die Identität des Urhebers zu erschliessen. Freilich sind die grossen Blätter den Bücherholzschnitten gegenüber ein nichts weniger als günstiges Objekt zur Vergleichung. Zumal in dem Prospekt von Venedig ist alles nach der Natur abgeschrieben um dem prüfenden Auge der Bewohner gerecht zu werden, die ihre Stadt gar wohl kannten. Mit beinahe raffiniert zu nennender Benutzung aller Mittel, welche der Holzschnitt jener Zeit bietet, ist die Ansicht von Venedig in farbiger Wirkung gesetzt, Schatten und Lichter kräftig verteilt, sogar die Wasserflächen in reflektierende und dunkle Partien gesondert. Die Figuren des Merkur und Neptun sowie die Köpfe der „Winde" ebenfalls schattiert und die Modellierung der Körperformen mit taillenartigen Strichlagen durchgebildet.[1])

Auch die beiden grossen allegorischen Holzschnitte sind schon ihres Formates wegen wenig geeignet, den verhältnismässig kleinen Illustrationen der Hypnerotomachie gegenübergestellt zu werden. Zudem scheint mir die xylographische Technik der beiden Allegorien auf eine andere Epoche des Künstlers hinzudeuten, als die Zeit um 1500 und der Anfertigung der Ansicht von Venedig.

Endlich ist nicht zu vergessen, dass der Meister der Hypnerotomachie, wer er auch war, wohl schon durch den in Venedig üblichen Stil der Bücher-Illustrationen angewiesen gewesen sein wird, im Konturschnitt und der damit zusammenhängenden Manier der Behandlung zu arbeiten. Einer Künstlernatur von jener Versatilität, die wir bei Barbari voraussetzen dürfen, mochte es vielleicht nicht schwer fallen, sich den verschiedensten Bedingungen anzupassen, und bald in der bald in jener Manier zu arbeiten. Angenommen, Barbari sei in der That der Meister „b" der Malermi-Bibel und der Hypnerotomachie, so hätte er nicht der gewandte und erfinderische Kopf sein können, der er ohne Zweifel war, wenn

---

[1]) Die grosse Naturtreue des Prospektes lässt sich noch heute sehr wohl konstatieren. Der Markusturm trägt in der ersten Ausgabe des Holzschnittes ein abgestumpftes Dach. Es ist dies Notdach, womit er versehen wurde, als ein Blitzschlag die Spitze 1498 zerstörte. Die zweite Ausgabe zeigt die zwischen den Jahren 1511 bis 1514 errichtete, gegenwärtig existierende steinerne Bedachung. In dieser zweiten Ausgabe ist die Jahreszahl 1500, welche die Abdrücke der ersten tragen, fortgenommen. Einer spätern Abdrucksgattung versuchte der Verleger das Ansehen der Ersten dadurch zu geben, dass er das spitze Dach des Turmes wieder durch das niedrige ersetzte. Die Holzplatten bewahrt, in stark durch Wurmfrass angegriffenem Zustand, das Museo Correr.

11*

er nicht herausgefunden hätte, dass sich die Ansicht von Venedig nicht in Konturmanier herstellen liess. Uebrigens gab ihm die zehn Jahre ältere grosse Ansicht von Florenz wohl schon einen Fingerzeig, wie ein derartiges Werk auszuführen sei.

Die Unterschiede zwischen der Behandlung der Ansicht von Venedig und der Technik der Hypnerotomachie-Bilder sind so gross, dass die verwandten Züge, welche zwischen beiden Werken allenfalls existieren, neben den grossen Verschiedenheiten fast verschwinden. Zumal für den ersten Anblick. Doch sind Spuren einer gewissen innern Verwandtschaft bei genauem Zusehen wohl auffindbar.

Die Art wie in der Hypnerotomachie die Wolken gebildet sind, z. B. auf den Holzschnitten Fol. E 6 und Fol. E 7, ist auffallend ähnlich dem Gewölk, in welchem Merkur und die Winde auf dem Prospekt erscheinen. In beiden Fällen sind es rundliche, geballte, schattenlose Formen, welche aus eigentümlich gezahnten starken Strichen gebildet sind. Kaum wird man anderwärts wieder gerade solche Wolken finden. Ebenso ist die Behandlung des Schattens an glatten Wandflächen hier und dort sehr ähnlich.

Auch zwischen den Kupferstichen des Barbari und den Holzschnitten der Hypnerotomachie lassen sich Analogien kaum auffinden.

Harzen hat zuerst darauf aufmerksam gemacht, dass die Kupferstiche des Barbari wahrscheinlich einer spätern Epoche des Künstlers angehören, und vielleicht erst während seines Aufenthaltes in den Niederlanden entstanden seien (Naumann Arch. a. a. O.). Der erwähnte Autor schliesst dies aus den Marken der Papiere, auf denen die Abdrücke gewöhnlich gezogen sind. Dieser Grund vermag für die Entstehungszeit der Stiche nichts zu beweisen, denn Barbari wird jedenfalls seine Platten bei der Uebersiedelung mit sich genommen haben, und die Mehrzahl der auf uns gekommenen Drucke kann in den Niederlanden gemacht sein, wenn nicht auch die dünne und zarte Stechweise auf den Einfluss der Manier des Lucas van Leyden und der niederländischen Dilettantenstecher aus der Richtung des Mabuse schliessen liesse. Die eigentlich italienische Behandlungsart der Platte tritt bei Barbari nur in wenigen Blättern, wie etwa in der Madonna B. 6, einigermassen hervor.

Wie dem auch sei, die Holzschnitte der Hypnerotomachie sind in jedem Fall ungleich strenger gezeichnet und mehr „bellinesk" als die Stiche, doch findet sich daneben wiederum z. B. in der Bildung der Köpfe manche Analogie. Hier und dort ist bei den Figuren das Hinterhaupt auffallend stark entwickelt, der Typus der Gesichter und die Formen der Nasen, die breit und stark an der Stirn ansetzen, haben gewisse Eigentümlichkeiten gemeinsam.

Unzweifelhaft können alle hier angeführten Momente nicht genügen, um Barbari auch nur mit einiger Wahrscheinlichkeit für den Meister der Hypnerotomachie zu erklären. Hierzu bedürfte es zwingenderer Gründe als jene sind, die sich allenfalls aus hier und da auftauchenden Anklängen verwandter Auffassung entnehmen lassen.

Der Meister „b" der Hypnerotomachie kann ja auch aus diesem einen Werk allein nicht beurteilt werden. Er ist daneben der Autor einer ganzen Reihe von Illustrationen, die vielleicht gar nicht alle sein Monogramm tragen. Die Holzschnitte des Ovid von 1497 sind in ihrer Zeichnung und in der Auffassung und Bewegung der Figuren mit den Hypnerotomachie-Illustrationen so durchaus verwandt, dass wir sie wahrscheinlich demselben Urheber zuschreiben dürfen. Dass diese Ovid-Holzschnitte wiederum ein anderes Monogramm tragen, welches wir auf Jacobus von Strassburg zu deuten versuchten, wie überhaupt das Hineinspielen dieses zweiten

„Jacobus" in den frühen venetianischen Holzschnitt erschwert die Aufklärung der kunstgeschichtlichen Sachlage.

Die Ovid-Schnitte zeigen gelegentlich etwas deutlichere Anklänge an die Manier Barbari's, als sich in den Hypnerotomachie-Illustrationen finden lassen, der Art z. B. einzelne Figuren in den Holzschnitten zum vierten Buch; aber daneben ist wieder die Mehrzahl der Zeichnungen ganz ähnlich denen der Hypnerotomachie und steht deshalb ebenso wie diese nur wenig in Uebereinstimmung mit dem künstlerischen Charakter des Barbari, wie wir ihn aus den authentischen Gemälden und Stichen entnehmen.

Wenn der Meister „b", wie wir meinen, der Urheber des „Ovid" von 1497 ist, so ist er daneben aller Wahrscheinlichkeit nach auch der Zeichner der Holzschnitte zum „Ketham" von 1492. Die Schnitte des „Ketham" sind in Bezug auf Qualität der Zeichnung und der xylographischen Ausführung der „Hypnerotomachie" mindestens ebenbürtig. Der grössere Massstab der Figuren hat sogar eine gediegenere Durchbildung der Köpfe und der Einzelheiten ermöglicht, aber abgesehen von diesen in der Art der Ausführung begründeten Verschiedenheiten, wird man in den Kompositionen des Ketham dieselben Motive in der Stellung und Bewegung der Figuren, und eine durchaus verwandte Art der Auffassung finden. Der Stil der Schnitte im „Ketham" steht aber wiederum ungleich näher dem Stil Gentile Bellini's als dem Barbari's.

Trotz alledem lässt sich der Gedanke dennoch nicht ganz abweisen, in dem „Illuministen" Barbari den vornehmlichsten Träger der venetianischen Holzschneidekunst zwischen 1490 und 1500 zu erblicken. Wir wissen jetzt, dass Barbari 1500 Venedig verliess. Fast genau um 1500 kommt die Konturmanier und die mit ihr verbundene Stilweise, welche den venetianischen Holzschnitt bis dahin beherrschte, ausser Uebung. Das letzte, wenigstens mir als das späteste bekannte Illustrationsbuch dieser Art, sind die früher erwähnten Illustrationen in der Ausgabe der Senante Novelle des Sabadino degli Arienti von 1504. Weiterhin erscheinen keine Schnitte mehr in der Weise der Malermi-Bibel oder der Hypnerotomachie.

Unvermittelte, ja sprungweise Veränderungen liessen sich von dem Naturell Barbari's immerhin vermuten. Künstler, welche entweder halb Maler, halb „Illuministen" oder vorwiegend Techniker der Kupfer- und Holzplatte, haben in jener Zeit oft merkwürdige Wechsel ihrer Eigenart durchgemacht. Marcantonio Raimondi, Benedetto Montagna, Lucas van Leyden bieten solche Beispiele.

Nach dem Weggang Barbari's, in den ersten Jahren des XVI. Jahrhunderts, scheint sich der venetianische Holzschnitt in einer Art Stagnation zu befinden. Nur die ordinäre Illustrationsarbeit für die Andachtsbücher bleibt im Gange und wird noch eine Zeit lang von der Werkstätte Vavassore's und andern derartigen Holzschneidern geliefert, bis weiterhin Ugo da Carpi auftritt und dem italienischen Holzschnitt eine völlig neue, vorwiegend auf malerischen Prinzipien fussende Richtung giebt.

Im Jahre 1469 wurde die Buchdruckerkunst durch Filippo di Lavagna in Mailand eingeführt. Aus der Presse Lavagna's geht zehn Jahre später der erste datierte Mailändische illustrierte Druck hervor, ein kleiner geistlicher Traktat eines Frater Pacifico di Novara: „Summula di pacifica Conscienca".[1]

---

[1] Das einzige bekannte Exemplar in der Ambrogiana in Mailand. Fol. a 1 Jesumaris. El Titulo :E l nome de Christo .... comencia el prologo in la Sequente opereta dicta Sumula ho uero sumesa de pacifica consciencia ... Fol. D 8. vers ... Pacifici Nouarensis ...

Holzschnitte auszuführen und sie mit dem Typendruck in Verbindung zu setzen scheint man um diese Zeit in Mailand ebensowenig verstanden zu haben, als in Florenz, und wie beim Florentiner Dante von 1482 so greift auch der Drucker der „Pacifica Consciencia" zum Kupferstich für die Herstellung der Illustrationen, indem er die Stiche in die Textseiten einfügt.

Von den drei im Buche befindlichen Kupferstichen bietet nur einer künstlerisches Interesse. Dieser stellt die Tugenden der Jungfrau Maria symbolisiert als vierfache Krone dar. Oben erblickt man in kleinen Figuren die Verkündigung. Die Ausführung des Stiches in feinen, gekreuzten Strichlagen ist klar und sicher, aber ausser dem allgemeinen Charakter der italienischen Kunst dieser Epoche tritt darin eine bestimmte Schulrichtung so wenig hervor, dass es fraglich bleibt, ob wir hier wirklich die Arbeit eines Mailändischen Künstlers vor uns haben, oder ob die Platte für den Mailänder Drucker anderwärts verfertigt wurde.

Vor der Mitte der neunziger Jahre des XV. Jahrhunderts lässt sich die Ausübung des Holzschnittes in Mailand durch datierte Werke nicht nachweisen, von da an aber kommen in Druckwerken dieser Stadt Holzschnitte zum Vorschein, welche unzweifelhaft aus der Mailändischen Kunstrichtung hervorgegangen sind. Gleiches ist der Fall in typographischen Werken solcher Druckorte, die im Kunstgebiet der Mailändischen Schule liegen. Wir dürfen daraus schliessen, dass eine, wenn auch kleine Xylographenschule in Mailand thätig war. Zum Teil arbeitete dieselbe für den Buchdruck, aber sie scheint sich auch mit der Herstellung von Einzelblättern des Holzschnittes beschäftigt zu haben. Wir werden die Spuren einer immerhin nicht unbedeutenden Produktion der letztgenannten Gattung noch weiterhin verfolgen.

Im Allgemeinen erhebt sich die Mailändische Xylographie weder zu dem Umfang und der Bedeutung den dieser Kunstzweig in Venedig erlangt, noch erreicht sie künstlerische Eigenart wie etwa die Florentiner Holzschneiderschule.

Den ersten Holzschnitten von unzweifelbar Mailändischer Herkunft begegnen wir in der Princeps der „Practica Musica" des Franchini Gafori, 1496 von Wilhelm Signerre aus Rouen (Guillermus Signerre Rothomagensis) gedruckt. Der Titelschnitt des Klein-Foliobandes stellt die neun Musen und eine Allegorie auf die Harmonie der Sphären dar; von den Randeinfassungen, welche zwei weiterhin folgende Textblätter schmücken, zeigt die eine (Fol. a rec.) die Macht der Musik: Amphion die Mauern von Theben zusammenfügend, Arion, Orpheus; in der anderen Einfassung (Fol. ec rec.) erblicken wir Gaforio seine Schüler unterrichtend. Der Stil der Zeichnung ist überall entschieden Mailändisch, die Behandlung des Holzschnittes aber, etwas eng und mager, entspricht den frühen Venetianischen Arbeiten. Von dort her kommende Xylographen dürften vielleicht den Schnitt der Stöcke ausgeführt haben.

Technisch ebenfalls von Venedig beeinflusst sind die Vignettenbilder in einem „Legendario di Santi padri historiado vulgar", den Ulrich Scinzenzeler 1497 in Mailand druckt.[1]) Die Darstellungen sind zum Teil sehr reizend komponiert, offenbar von

---

per G. Brebiani in impressione recognitum et Philippum de Lauagnia Mediolanensis impressum ... opusculum ... 9°. Kalendas Apriles (sic) en uigilia Dominice Incarnationis expletum est Anno 1479 ... 4°.

[1]) Fol. 1a Tit.: Legendario di Santi istoriado vulgar. a. E.: Finisse legende de Sancti composte per el ... frate Jacopo de Voragine ... traducte in lingua vulgar per ... nicholao de manerbi veneto ... stampate in Milano per Magistro Vederico Scinzenzeler MCCCCLXXXXVII. 4°. Exemplar in der Wiener Hofbibliothek.

einem Mailänder Künstler gezeichnet, der sich die Venetianischen Vignetten der Malermi-Bibel und verwandte Bücher zum Muster genommen und sie glücklich imitiert hat.

Wilhelm Signerre, aus dessen Offizin das erste Mailändische Holzschnittwerk, der Gaforio von 1496, hervorging, liefert 1498 ein Buch, bei dem der Text fast ganz unter den Bildern verschwindet, ein geistliches Bilderbuch: „Specchio di Anima", dem in Bezug auf Reichtum an Illustrationen in Italien im XV. Jahrhundert kein zweites Beispiel zur Seite steht. Die 44 Blätter, aus denen das Heft besteht, sind mit 78, die ganzen Seiten des Gross-Quartformates füllenden Holzschnitten bedeckt.[*]

Neun Blätter am Anfang stellen die Geschichte des ersten Menschenpaares dar, die übrigen erzählen das Leben und den Tod Christi. Die Zeichnung ist kräftig in derben Umrissen und mit nur geringer Andeutung der Modellierung ausgeführt, die Figuren lebhaft bewegt und oft übertrieben im Ausdruck. Das Ganze scheint das Werk eines secundären über doch originell empfindenden Künstlers zu sein, der sich in einer Mischung von altertümlichen, zurückgebliebenen Formen und modernen Elementen bewegt, ein Mailänder etwa von der Art des Donato Montorfano oder ähnlicher Meister. Er mag vielleicht ein Miniator gewesen sein. Für die Beteiligung der Miniatoren an der Ausführung der Bücherholzschnitte liegt uns allerdings kein direktes Zeugnis vor, aber mancherlei spricht dafür, namentlich auch die oft vorkommende eigentümliche Mengung verschiedener Stilarten, die wir gleichmässig in den Miniaturen vom Ende des XV. Jahrhunderts und in den Holzschnitten derselben Epoche finden.

Die technische Ausführung der Holzschnitte im „Specchio di Anima" ist befangen und teilweise sogar unbehülflich, namentlich verunstaltet der Xylograph die Köpfe mitunter bis zum karikierten Ausdruck; doch scheinen verschiedene Hände von ungleicher Geschicklichkeit an dem Werke gearbeitet zu haben. Von Venedig kamen sie kaum her, da die Ausführung nichts Venetianisches an sich hat. Es dürften demnach wohl Mailänder Holzschneider gewesen sein, welche Signerre bei der Ausführung seiner Bilderserie verwendete.

Gleich im nächsten Jahr 1499 benützt Signerre einen grossen Teil der Holzschnitte des „Specchio" zu einem neuen Buche: „Tesauro Spirituale". Der „Tesauro" scheint nicht minder selten zu sein als sein Vorgänger; er ist von keinem Bibliographen erwähnt. Das einzige mir bisher bekannt gewordene Exemplar bewahrt das Berliner Kupferstichkabinet.[**]

Verglichen mit dem „Specchio" zeigt der „Tesauro" eine Anzahl neuer Bilder, die von andern Künstlern feiner, in einer vorgeschritteneren Weise gezeichnet, und von

---

[*] Ferraro, Joh. Petro de Vigleuano: Specchio di Anima. fol. 1 r. II. Nome di Questo Libro e in Limo (sic) Specchio di Anima. fol. 1 v. Al... domino Ludovico Mari Spor... fol. 6 verso: hoc opus lingue ytalice traductum fuit per deuotu[m] Ludouicum besalu Hispanie feliciter scripsit anno ... 1498. fol. 44 verso: Impressum Mediolani per Guillermos le Signerre fratres Rothomagenses MCCCCLXXXXVIII di XXIII martii. Impensis Johanis de bißignüdis de Vigleuano. Laus Deo Amen. Druckerzeichen der Signerre. Exemplar in der Ambrosiana in Mailand.

[**] Titel, xylographisch: Tesauro spirituale: | cum le episole et | euangelij histori ate: cum le meditatione de sancto Bonaventura. Verso: Alo... domino Lodouici Maria Sphor..., Duca de Milano ... Jo. Petro Ferraro da Vigleuano ... et A. E.: Impressum Mediolani per Guillermos fratres Rothomagenses. MCCCCLXXXXVIII. die XVIIII. Martii. Impensis Johannis de bißignandis de Vigleuano. 4°. Druckerzeichen der Signerre. Sig. a—m. 73 Blatt. 63 blattgrosse Holzschnitte.

"Wie der Herr die Sünderin Magdalena bekehrt".
Aus Joh. Pet. Ferraro da Vigevano: "Tesauro spirituale". Mailand, Signerre. 1499.
Nach dem einzigen bekannten Exemplar im Königlichen Kupferstichkabinet zu Berlin.

geübteren Holzschneidern sorgfältiger als die frühern ausgeführt sind. Die Behandlung dieser neuen Schnitte ist auch insofern eine andere, als sie mehr auf Gesamtwirkung, mit schrägen, parallelen Schattenlagen gearbeitet sind. Die Kompositionen sind hier in kleineren Figuren und in einer ruhigeren Haltung besser angeordnet. Ornamentierte Einfassungen, weiss auf schwarzem Grunde, umgeben die einzelnen Darstellungen. Wir geben beistehend die Nachbildung eines dieser neuen Serie angehörenden Schnitte aus dem „Tesauro" mit Hinweglassung der Randeinfassung.

Auch in Mailand finden wir eine Aesop-Ausgabe unter den ersten illustrierten Büchern, welche aus den Pressen der dortigen Drucker hervorgehen. Signerre veranstaltete eine solche 1498 mit dem Texte des Accio Zucchio und mit nicht übel ausgeführten Kopien der Holzschnitte der Venetianer Ausgabe von 1492. Selbständig erfunden und nicht ohne Feinheit sind die zahlreichen Bilder in der Lebensbeschreibung des Aesop, welche der Fabelsammlung vorgesetzt ist. Sie rühren offenbar von derselben Hand her, welche die Schnitte für den „Tesauro" zeichnete. Die xylographische Ausführung ist aber im „Aesop" ungleich und teilweise unvollkommen.[1]

In demselben Jahre 1498 schlägt das Brüderpaar Signerre seine Presse in Saluzzo auf. Ludwig II., Markgraf von Saluzzo, ein gelehrter, das Altertum liebender Herr, hatte eine Akademie errichtet, in der er gelegentlich gelehrte Abhandlungen persönlich vortrug. Frühzeitig war er schon bestrebt, die Buchdruckerkunst nach seinem Städtchen zu ziehen. So siedelt sich 1479 der Turiner Drucker Giovanni Fabri, allerdings nur für kurze Zeit dort an, 1481 ein anderer, früher in Turin thätiger Typograph, Martino della Valla, und 1498 nehmen, wie erwähnt, die Brüder Signerre dort ihren Wohnsitz.[2]

Zwei aus Saluzzaner Offizinen hervorgehende Bücher sind mit Holzschnitten von ungewöhnlicher Vortrefflichkeit geschmückt, beide von demselben Autor, dem Dominikaner Giovanni Ludovico Vivaldo, dem vertrauten Ratgeber des Markgrafen.

Das erste dieser Werke, das 1503 erschien, ist ein theologischer Traktat von der Echtheit der Busse: wie die Schlussschrift besagt, auf Anordnung und Kosten des Markgrafen gedruckt und diesem gewidmet.[3]

Am Beginne des Buches findet sich ein vortrefflicher Schnitt, den heiligen Büsser Hieronymus darstellend. Der Zeichnung wie der xylographischen Behandlung nach gehört dieses schöne Blatt der Mailändischen Kunstrichtung an, doch treten einige Veronesische Elemente hinzu, die namentlich in der reichen geschmackvollen Umrahmung zum Vorschein kommen. Das Blatt ist sehr sorgfältig, aber einfach und derb ausgeführt, und erzielt eine geschlossene und kräftige Wirkung. In der Behandlung erinnert dieser Holzschnitt an jene Blätter, welche man gewöhnlich dem „Battista del Porto" von Modena zuschreibt, von denen noch weiterhin die Rede sein wird.

[1] Aesopus. Fol. 1 r.: Le fabule de Esopo vulgare e latino Historiade. Fol. 1 v.: Accii Zuchi ... in Aesopii fabulas interpretatio ... Am Ende der „Vita Esopi": Impressum mediolani p(er) Guillermos le Signerre fratres Rothomagenses ... 1498 ... die quin(decimo) mensis septembris. Impensis Gotardi de ponte. 4°. Unvollständiges Exemplar in der Ambrosiana.

[2] Die Angabe bei Lino: Famiglie, dass 1495 Erhard Radolt in Saluzzo gedruckt hätte, muss auf einem Versehen beruhen. Um diese Zeit war Radolt längst nicht mehr in Italien, sondern in Augsburg thätig.

[3] Vivaldus, Joh. Lud.: Fol. 1 r.: Aureum Opus de Veritate Contritionis in quo mirifica documenta eterne Salutis aperiuntur. Fol. 160 v.: Paccelarum Opus de Veritate contricioni Salutis impressum mandato ac espensis Illustrissimi ac Clementissimi principis Ludovici Marchionis Salutiarum ac Viceregis Neapolitani Meritissimi p(er) Guillermu(m) et Guillermum le Signerre fratres Rothomagenses Anno Salutis 1503 die primo Julij Feliciter. Druckerzeichen der Signerre.

Hl. Hieronymus.
Aus Vicoldus: "De Veritate Contritionis", Infanzo, Figentus 1505.

Einige Jahre später, 1507, lässt Vivaldus in Saluzzo ein anderes Buch ausgehen,
das an Schönheit der xylographischen Ausstattung jenes erste noch übertrifft. Es führt
den Titel „Opus regale" und ist von der in Saluzzo für kurze Zeit etablierten Offizin

Bildnis des Markgrafen Ludwig II von Saluzzo.
Aus Vivaldus: „Opus Regale", Saluzzo 1507.

des Jacobus de Circis und Sixtus de Somachis gedruckt. Der Inhalt besteht aus einer
Sammlung politischer und contemplativer Aufsätze, an deren Spitze ein Trostbrief an
Margaretha Fox, die Wittwe des (1504) verstorbenen Markgrafen Ludwig II. steht.

Den Eingang des Trostbriefes schmückt das Bildnis des Markgrafen, ein feiner, geistig durchgearbeiteter Kopf, im Profil nach rechts dargestellt, der sich energisch von dem schwarz stehen gelassenen Grunde abhebt. Zu dem etwas schwermütigen Ausdrucke des Gesichtes scheinen die Verse aus Hiob IX 25, die unter dem Bildnis stehen, wohl zu passen: „Dies mei velociores fuerunt cursore: fugerunt, et non viderunt bonum." Zeichnung und Schnitt sind von vollendeter Meisterschaft. Erstere ist offenbar das Werk eines Künstlers der Mailändischen Schule; Mailändisch ist auch die Weise der Ausführung. Der Duktus und die Behandlung des ornamentalen Beiwerkes erinnern an die Holzschnitte in den Illustrationsbüchern der Signerre in Mailand. Von ähnlichem Kunstcharakter sind auch die zwei andern blattgrossen Holzschnitte im „Opus regale". Der eine davon, einem „Tractatus de laudibus trium liliorum" vorgesetzt, zeigt den hl. Ludwig, kniend im Gebet, über ihm einen Engel mit der Krone schwebend, während die Madonna mit dem Christkind in einer Strahlenglorie erscheint; der andere Holzschnitt stellt den hl. Thomas dar, in seiner Zelle von zwei Engeln umgeben. Diese beiden Schnitte sind in vorwiegend konturierender Manier mit höchster Feinheit ausgeführt. Auch sie tragen den deutlich ausgesprochenen Charakter der Mailändischen Kunstrichtung. Es wird zweifelhaft bleiben, ob die Holzschnitte in den beiden Büchern des Vivaldus als Proben einer selbständigen Kunsthätigkeit in Saluzzo angesehen werden dürfen, oder ob sie auswärts, etwa in Mailand, für die Saluzzaner Drucker angefertigt wurden. Die Wahrscheinlichkeit spricht für die letztere Annahme, umsomehr, als die Schnitte im „Opus regale" und im Buch „De Veritate contricionis", wenigstens soviel uns bekannt ist, die einzigen Bücherholzschnitte sind, welche in Saluzzo herauskommen.

Der quattrocentistische Stil des Xylographie erhält sich in Mailand über die Wende des Jahrhunderts hinaus und sogar bedeutend länger als in Venedig. Die Xylographenschule, deren erste datierbare Spuren um circa 1497 auftreten, scheint noch bis nach 1520 fortgearbeitet und wenigstens einen Teil ihrer Eigentümlichkeiten lange bewahrt zu haben. Die Fortdauer der alten Weise zeigt sich z. B. in einem Titelholzschnitt in dem 1513 erschienenen „Opus de confirmatione vite b. Francisci", der den hl. Franciscus darstellt, wie er hinter dem Heiland einherschreitend dessen Kreuz auf sich genommen hat. Hier erscheinen die Formen der Mailändischen Xylographie des XV. Jahrhundertes, nur etwas runder und weniger herbe.[1])

Erst verhältnismässig spät zeigen sich in datierbaren Bücherholzschnitten Anklänge an den Einfluss der Kunstweise Lionardo's. Eine ganz lionardeske „Geburt Christi" findet sich in dem Buche des Isidorus de Isolanis: „De Imperio Militantis Ecclesie" von 1517. Der Schnitt ist wirkungsvoll, mit breiten schwarzen Schattenmassen, anlehnend an die Art der Florentiner Xylographie. Andere Darstellungen in demselben Werk sind noch in der früheren Mailändischen Weise des „Specchio di Anima" behandelt, aber diese sind vielleicht Holzstöcke, die aus einem ältern, mir unbekannten Druck stammen mögen.

Zur Gruppe der Mailändischen Holzschnitte der lionardesken Kunstrichtung gehören ferner die zarten Konturschnitte in einem 1518 herauskommenden Büchlein, welches von den Wundern der hl. Veronika handelt,[2]) und endlich die zahlreichen

---

[1]) Bartolomeo de Pisis: Opus de Confirmatione vite beati Francisci ad vita Duc. Jhu. Christi . . . , a. E.: Impressum Mediolani in edibus Zanoti Castilionei 1513. 4°.

[2]) Veronica, Vigo: Inexplicabilis Mysterii gesta Beatee Veronica Virginis praeclarissimi Monasterii Sanctae Marthae urbis Mediolani. a. E.: Apud Gotardum Ponticum . . . 1518. Die III. Aprilis. 4°.

Illustrationen in dem „Vitruv" des Cesare Cesariano, der 1521 in Como erscheint, aber doch ganz und gar als Mailändisches Produkt anzusehen ist.

Der lionardeske Stil in scharfer Ausprägung, verbunden mit feiner energischer Zeichnung, wie er in einer Reihe der Abbildungen dieser Vitruvausgabe hervortritt, verleiht dem Buch einen besonderen Wert. Es ist das späteste Werk der italienischen Xylographie, in welchem die Weise des Quattrocento sich noch in lebendiger Uebung zeigt. Die Ausführung derselben ist etwas ungleichmässig, was wohl daher kommt, dass Cesariano die Arbeit während des Druckes im Stiche liess, und der Drucker genötigt war, sie durch Andere zu Ende bringen zu lassen.

Manche von den der Mehrzahl nach vorzüglichen Holzschnitten nehmen sich fast aus wie Uebertragungen von Zeichnungen Leonardo's auf die Holzplatte, so namentlich jene zum Abschnitt über die Proportionen des menschlichen Körpers; aber auch in den architektonischen und Konstruktions-Zeichnungen scheint Cesariano bestrebt, die Klarheit und Accentuierung der Formen, wie sie der Darstellungsweise Leonardo's eigen ist, nachzuahmen.

Soweit sich aus den in Büchern vorkommenden Holzschnitten urteilen lässt, hat es nicht den Anschein, als ob ausser in Venedig und Mailand die Xylographie besondere Pflege im übrigen Oberitalien gefunden hätte. Nur in den genannten Orten kommen illustrierte Druckwerke in grösserer Zahl heraus, und nur hier scheinen die Xylographenwerkstätten in wirksame Beziehung zu den lokalen Kunstschulen getreten zu sein. Manche Drucker in andern Städten mögen ihren gelegentlichen Bedarf an Illustrationswaare von ausserhalb bezogen oder die Stöcke mit den darauf gemachten Vorzeichnungen ihrer heimischen Künstler nach ausserhalb zum Schneiden gesendet haben. So zeigen einige Bücher, welche in Ferrara herauskommen, in ihren Illustrationen bald Venetianisches, bald Florentiner Gepräge. Rein Venetianisch ist der schöne Konturholzschnitt in der 1493 bei Andreas Gallus in Ferrara gedruckten Uebersetzung der Astronomia des Alfraganus (Gerhardus a Sabloneta: Compilatio Astronomica Mahometi Alfragani u. s. w. Hain 822).

Der xylographischen Behandlung nach teils der Florentinischen teils der Venetianischen Richtung angehörig sind die Holzschnitte in dem 1497 bei Laurentius de Rubeis in Ferrara gedruckten Buche des Philippus Bergomensis: „De pluribus claris selectisque Mulieribus", welches wohl das prächtigste Druckwerk ist, das aus Ferrareser Pressen hervorging (Hain 2813).

Die Illustrationen welche die Biographien begleiten, sind Bildnisse „berühmter Frauen", deren Reihe mit der Eva beginnt und die hervorragendsten Vertreterinnen des weiblichen Geschlechtes aus der Bibel, der Mythologie und dem Altertum aufzählend bis zu den Zeitgenossinnen des Verfassers fortschreitet. Es sind originelle und reizende Phantasieschöpfungen, abwechslungsreich in Auffassung, Tracht und Beiwerk. Dass zuweilen ein und dasselbe Conterfey wiederholt und für verschiedene Persönlichkeiten verwendet wird, verschlägt dabei nicht viel.

Die kleinen Portraits, obzwar durchweg von fast gleicher Vortrefflichkeit, scheinen von verschiedenen Händen herzurühren. Während eine Gruppe vermöge der Anordnung, Zeichnung und Ausführung der Venetianischen Richtung angehört, zeigt die andere deutliche Beziehungen zur Ferrareser Kunst. Bei den Stöcken der letztgenannten Gattung herrscht eine mehr der Florentiner als der Venetianischen Art verwandte Behandlung mit kräftigen schwarzen Massen. Die umstehenden zwei Nachbildungen aus dem Buch des Bergomensis werden diese Unterschiede veranschaulichen. Das Bildnis der „Cassandra Fideli" ist ein Beispiel der Venetianischen, jenes der „Paula Gonsaga" der Ferraresischen Gruppe. Der blattgrosse Titelholzschnitt des Buches, den Autor darstellend, wie er sein Werk der Beatrice von Arragonien widmend überreicht, ist ein Gemisch Ferrarischen Stiles und Florentinischer Xylographie.

Ganz Venetianisch sind die kleinen Konturvignetten in einer italienischen Ausgabe der Briefe des hl. Hieronymus, welche ebenfalls Lorenzo de Rossi in Ferrara 1497 druckt (Hain 8566). Sie gleichen den geringeren derartigen Illustrationen, die in Venedig herauskommen, und dürften wohl auch da gezeichnet und angefertigt worden sein.

Einen nachweisbaren Fall, dass ein Venetianischer Holzstock nach auswärts (Forli) exportiert wurde, haben wir schon vorhin erwähnt; und nicht selten tauchen in wenig

Bildnis der Cassandra Fideli.
Ant. Bergomensis, De Claris Mulieribus. Ferrara 1497

bedeutenden, entlegenen Druckorten Bücherillustrationen auf, welche aller Wahrscheinlichkeit nach in Venedig angefertigt sind. Meist sind es nur einzelne Illustrationen, fast nie Folgen von Darstellungen. Derartige mit einem oder zwei, selten mit mehr Illustrationen ausgestattete Drucke haben wir aus Bologna, Siena, Modena, Ferrara u. s. w., ohne dass wir annehmen dürfen, dass schon im XV. Jahrhundert die Xylographie irgend grösseren Umfang an diesen Orten erlangt hatte.

Diese hier und da vorkommenden Einzelerzeugnisse haben doch nur untergeordnete kunstgeschichtliche Bedeutung, da sie mit den Lokalschulen ihrer Erscheinungsorte nicht im Zusammenhang stehen, andererseits aber ihre Herkunft immer unbestimmbar bleibt. Auch sind sie zumeist nur Arbeiten geringeren Ranges, deren Aufzählung im einzelnen dem Bilde vom italienischen Holzschnitt im XV. Jahrhundert keine wesentlichen Züge hinzufügen würde.

Die auf uns gekommenen Reste von oberitalienischen Einblattdrucken aus dem XV. Jahrhundert sind fast nie datiert und tragen nur selten einen Hinweis auf ihren Entstehungsort; wir vermögen ihnen ihre kunstgeschichtliche Stelle daher nur nach allgemeinen Kennzeichen anzuweisen. Die bisher bekannt gewordenen derartigen Werke lassen vermuten, dass volkstümliche, in Holzschnitt ausgeführte Flugblätter geistlichen und weltlichen Inhalts neben den Bücherholzschnitten einen bedeutenden Teil der xylographischen Produktion in Oberitalien bildeten. So umfangreich und fruchtbar wie in Deutschland war die Produktion der Einblattdrucke in Italien allerdings nicht, und ihr Betrieb wahrscheinlich auf nur wenige Orte beschränkt. Ueber die Werke der italienischen Kupferstecherei des XV. Jahrhunderts sind wir weitaus besser orientiert als über die gleichzeitigen italienischen Holzschnitte; Erstere sind in grösserer

Bildnis der Paola Gonzaga.
Aus: Bergomensis, De Claris Mulieribus. Ferrara 1497.

Zahl erhalten geblieben, weil sich Namen bekannter Meister an sie knüpfen und sie deshalb schon frühzeitig in Wertschätzung standen.

Hingegen bewirkte die Teilung der Arbeit zwischen dem die Vorzeichnung entwerfenden Künstler und dem wesentlich nur handwerklich thätigen Holzschneider, dass der Holzschnitt seit jeher als Kunstgattung geringeren Ranges angesehen wurde. Die Chronisten der Kunst hielten es denn auch nicht der Mühe wert, von Holzschnitten zu berichten. Die Illustrationen in den Büchern sind mit diesen selbst erhalten geblieben, aber von den Einzelblättern der frühen Epoche, die ihrer Zeit wenig geschätzt und später völlig missachtet wurden, ging fast Alles verloren.

In Deutschland bestand die Sitte, Heiligenbilder in die Innenseiten der Buchdeckel und der Kleidertruhen zu kleben, und durch diese Art der Konservierung sind fast alle primitiven Einblattdrucke deutschen und niederländischen Ursprunges, welche wir besitzen, auf uns gekommen. In Italien existierte ein ähnlicher Gebrauch nicht; dadurch erklärt sich, dass primitive italienische Xylographien heute so schwer auffindbar sind. Man scheint in Italien Holzschnitte und Heiligendarstellungen auf die Thüren und Wände der Stuben geklebt zu haben, was auch in Deutschland vorkam; die so verwendeten Exemplare sind aber natürlich hier wie dort fast immer zu Grunde gegangen.

Das Berliner Kupferstichkabinet besitzt eine Anzahl von Fragmenten zum Teil sehr früher italienischer Holzschnitte, welche beim Abbruch eines alten Hauses in Bassano von den Wänden einer Kammer abgenommen wurden. Im Besitze des Herrn William Mitchell in London befindet sich ein grosser, die von Engeln umgebene Madonna darstellender Holzschnitt, welcher in demselben Raum den Ueberzug der Stubenthüre bildete. Auch andere hier und da vorkommende Blätter oder Bruchstücke solcher zeigen Spuren ähnlicher ursprünglicher Verwendung. Mit Ausnahme des Berliner Kabinets, das hierin verhältnismässig am reichsten ist, bewahren aber die öffentlichen Sammlungen nur wenige Beispiele primitiver italienischer Holzschnitte.

Aus diesen dürftigen Resten lässt sich eine nur sehr unvollkommene Vorstellung von dem italienischen Holzschnitt des XV. Jahrhunderts, insofern die Erzeugnisse Einzeldrucke waren, gewinnen.

In welchem Umfange die Holzschneidekunst in Italien vor Ausübung der Typographie geübt wurde, wissen wir nicht; nur für Venedig liefert das am 11. Oktober 1441 vom Senat erlassene Verbot der Einfuhr von Druckwaare den Beweis, dass um diese Zeit die Druckindustrie daselbst in verschiedenen Arten der Anwendung bekannt war und schon seit lange betrieben worden sein muss. Das Verbot wird ausdrücklich als Schutzmassregel für die Figuren- und Spielkartendruckerei (und Zeugdruckerei) von Venedig gegenüber der auswärtigen, ohne Zweifel deutschen Konkurrenz erlassen, und damit motiviert, dass das Druckgewerbe in Venedig ganz heruntergekommen sei durch die grosse Menge von Spielkarten, gemalten und gedruckten Figuren, welche von auswärts kommen.[1]

Aus dem übrigen Italien erfahren wir nichts von Druckern oder Gewerbleuten, deren Betrieb dem der deutschen Briefdrucker verwandt wäre. Dass sie hier überhaupt nirgends existiert haben sollten, ist aber doch kaum anzunehmen. Erst vom Ende des XV. Jahrhunderts haben wir durch erhalten gebliebene Arbeiten Kunde von Druckerwerkstätten, welche sich mit der Anfertigung von Holzschnitten befassen, so von den gelegentlich schon erwähnten Bottegen des Zoan Andrea Vavassore in Venedig und der des Bartolomeo Merlo in Verona.

Die Einzelblätter des Holzschnittes, die Madonnenbilder und Heiligendarstellungen, werden auch in Italien bunt bemalt, ähnlich wie dies in Deutschland und den Niederlanden geschah. Bei der Bilderwaare ordinärster Sorte wurde die farbige Ausstattung, vorwiegend Rot und Blau, ziemlich roh aufgepinselt, daneben finden sich aber auch besonders in der Sammlung des Berliner Kabinets Beispiele sorgfältigerer Ausführung. Bei dieser letzteren werden die Figuren in den Gewandpartien mit kräftigen Farben, unter denen ein durch Gummizusatz leicht glänzend gemachtes Rot vorherrscht, die Köpfe und Fleischteile mit ziemlich feinen, stark deckenden Tönen bemalt. In ein-

---

[1] Das Dekret beginnt: Conciosia che l'arte, et mestier della carte, e figure stampide, che se fano in Venesia e vegnudo a total destaction equesto sia per la gran quantita de carte da zugar, e segure depente stampide, le qual vien fate de fuora de Venetia . . . . etc. Bottari: Lettere sulla Pittura etc. V. S. 485.

zelnen Fällen geht diese Kolorierung bis zur völlig bildartigen Wirkung, und es scheint beabsichtigt gewesen zu sein, den Effekt einer, wenn auch groben, Wandmalerei nachzuahmen. Es hängt dies wohl mit der erwähnten Sitte zusammen, Holzschnitte zum Bekleben der Wände zu benutzen.

In der Bestimmung der Holzschnitte zu solchem Zweck ist es wahrscheinlich begründet, dass die italienischen Einblattdrucke vorwiegend von grossem Format sind. Das Grossfolio-Blatt ist beinahe die Regel. Kleinfolio, Quarto und noch kleinere Formate, wie sie in Deutschland die Mehrzahl bilden, scheinen in Italien weniger gebräuchlich gewesen zu sein, und es finden sich hier schon frühzeitig Kompositionen, welche mehrere zusammengefügte Bogen bedecken. Der italienische Holzschnitt des sechzehnten Jahrhunderts setzt dann das Streben nach grossräumiger Wirkung mit neuen Mitteln und in ausgebildeterer Weise fort.

Da wir bis jetzt keine primitiven Einblattdrucke kennen, deren Entstehungszeit und Entstehungsort nachweisbar ist, so besitzen wir für die Klassifizierung des ganzen Vorrates keinen festen Anhaltspunkt, und bleiben hierbei lediglich auf Mutmassungen angewiesen. Der Charakter vieler primitiver italienischer Xylographien bestätigt die durch das Einfuhrverbot von 1441 begründete Vermutung, dass Venedig schon im XV. Jahrhundert eine Hauptstätte der Fabrikation volkstümlicher Bilderwaare gewesen ist. Der Venetianische Typus herrscht in der That bei der Mehrzahl der erhaltenen italienischen Einblattdrucke vor.

Mehrere Beispiele solcher noch sehr einfach ausgeführter und allem Anschein früher Bilddrucke besitzt das Berliner Kabinet. Das Fragment einer von Heiligen umgebenen Madonna zeigt in der Architektur der Nische und Umrahmung, innerhalb welcher die Gestalten verteilt sind, gotische Formen von Venetianischem Charakter. Die Zeichnung ist mit derben, dicken Linien ausgeführt. Aehnlich, den altertümlichen deutschen Holzschnitten in der Art des Schnittes verwandt, ist ein Wallfahrtsblatt von Loretto mit mehrzeiliger xylographischer Beischrift, das sich 1884 im Besitz von Arrigoni in Mailand befand.[1]

Bei einer mehr als halblebensgrossen Madonna mit dem Kinde im Berliner Kabinet mischt sich deutsche Auffassung und deutsche Behandlung in eigentümlicher Weise mit oberitalienischer Stilart. Hier liegt entweder eine Nachahmung deutscher Bilddrucke vor, oder der Xylograph (und Zeichner?) war ein eingewanderter Deutscher.[2]

Ein ähnliches, kleineres, ebenfalls nur fragmentarisch erhaltenes Madonnenbild zeigt reineren italienischen Typus und tüchtige Führung des Schnittes. Das Original ist koloriert, und die Bemalung namentlich im Kopf der Madonna sorgfältig ausgeführt. (Siehe die umstehende verkleinerte Nachbildung.)

Den beiden Madonnen des Berliner Kabinets reiht sich zunächst die schon erwähnte grosse Madonna mit Engeln und Heiligen im Besitz des Herrn William Mitchell in London an. Dieses Blatt ist weniger fein in den Einzelheiten, aber bemerkenswert durch die reiche Komposition und den Umfang der Platte.

Zuweilen wird der Fond der Darstellung schwarz mit einem weissen Muster

---

[1] Abgebildet in einer vom Besitzer veröffentlichten Beschreibung des Blattes.
[2] Leider musste von der Reproduktion dieses interessanten Blattes hier abgesehen werden, da die notwendige Verkleinerung es unmöglich gemacht haben würde, die Eigentümlichkeiten des Holzschnittes entsprechend zur Anschauung zu bringen.

durchsetzt gebildet, auf dem sich die kolorierten Figuren kräftig abheben, eine Wirkung ähnlich den Schrotblättern, welche vielleicht hiermit nachgeahmt werden sollten.

Fragment eines Madonnenbildes.
Prämiirt, wahrscheinlich Venetianischer Holzschnitt, XV. Jahrhundert.
Original im Königlichen Kupferstichkabinet zu Berlin.

Dieser Art ist ein Quartoblatt des Berliner Kabinets, eine Madonna von zwei Engeln umgeben.

Eine Kreuzigung Christi mit Maria und Johannes, ein Kleinfolio-Blatt der Berliner Sammlung, ist eines der seltenen Stücke, bei denen der Zusammenhang mit

Das Wunder der hl. Martha.
Holzschnitt, Mailändische Schule, XV. Jahrhundert.

einer bestimmten Kunstrichtung wenigstens einigermafsen feststellbar ist. Die Gestalten von heftig bewegtem, übertriebenen Ausdruck des Affektes sind offenbar entweder einer Komposition des Carlo Crivelli entnommen, oder das Werk eines Nachahmers dieses Meisters.

Die Konturmanier, wie man sie in den achtziger Jahren in Venetianischen Bücherholzschnitten antrifft, findet sich in einem Blatt des Berliner Kabinets repräsentiert. Es stellt Johannes d. T. in einer Säulenarchitektur stehend dar, zu beiden Seiten von ihm die zwölf Leuchter der Offenbarung. Die Kolorierung ist in satten Farben mit Sorgfalt ausgeführt.

Die Holzschneiderwerkstätte des Zoan Andrea Vavassore, deren wir schon mehrfach erwähnt haben, scheint etwa gegen 1500 ihre Thätigkeit in Venedig zu entfalten und namentlich umfangreiche Erzeugung von Einblattdrucken zu betreiben. Von signierten Arbeiten dieser Bottega kennen wir zwar nur wenige Stücke, aber ihre Eigentümlichkeiten sind charakteristisch genug um einer ziemlichen Anzahl anderer, unbezeichneter Werke den gleichen Ursprung mit Wahrscheinlichkeit zuzuweisen. Abgesehen von den schon oben erwähnten mit der Namensbezeichnung des Vavassore versehenen Blättern, besitzt die Berliner Sammlung neben anderen offenbar von ihm stammenden Holzschnitten, das Fragment eines Abendmahles in Grossfolio, und eine Serie von Hochfolio-Blättern, welche in 33 cm hohen Einzelfiguren Christus und die Apostel darstellen. Auch hier herrscht überall die dem Vavassore eigene derbe, mantegneske Zeichnungsweise, und die Ausführungsart mit schrägen, parallelen Strichlagen.

Der Bottega des Vavassore gehört eine interessante, in einem Exemplar des brittischen Museums vollständig erhaltene Abbildung des Bucentoro an. Von einer Menge von Gondeln umgeben fährt das Staatsschiff eben durch einen engen Kanal. Auf dem Ufer entfaltet sich reichste Staffage von Zuschauern. Der Bucentoro selbst nimmt mehr als die Hälfte des ca. 120 cm langen und 80 cm hohen Blattes ein. Der Schnitt ist derb, aber sorgfältig ausgeführt.

Um das Bild von der Thätigkeit der Venetianischen Xylographen auf dem Gebiete der Einblattdrucke und Flugblätter in diesem Zeitraume zu vervollständigen, müssen wir noch jene Stücke hinzurechnen, die wir schon früher im Laufe unserer Auseinandersetzung erwähnt haben, wie die Holzschnitte des Jacobus von Strassburg und die grosse Ansicht von Venedig von Barbari-Walch.

In Mailand und bei Künstlern der Mailändischen Kunstrichtung scheint die Produktion von Einblattdrucken ebenfalls einen gewissen Umfang eingenommen zu haben. Diese Werke waren vielleicht nicht gering an Zahl. Die hohe Vollkommenheit einzelner uns erhaltener Stücke beweist, dass die entwerfenden Künstler mit den Bedingungen der Technik völlig vertraut, und die Holzschneider wohlgeübt waren, der Vorzeichnung gerecht zu werden.

In unmittelbarer Verwandtschaft mit den Bücherholzschnitten aus der Offizin der Brüder Signerre steht ein Grossfolio-Blatt der Sammlung Rothschild in Paris. Es stellt die hl. Martha dar, wie sie durch Besprengen mit Weihwasser einen Drachen wehrlos macht, der von einem Mann mit einem Beil getödtet wird. Der kräftige Schnitt ist in der Art der Illustrationen im „Speculum Spirituale" von 1499 ausgeführt, und ähnelt diesen auch in der eigentümlichen Mischung von Mailändischem und Veroneser Charakter. Die resche und geschmackvolle Bordüre erinnert in der Zeichnung und im Aufbau an die Einrahmung des oben beschriebenen und abgebildeten „hl. Hieronymus", aus dem von Signerre in Saluzzo 1503 gedruckten Buche „De Veritate Contricionis". Die Gruppen der Engel und Genien mit den Passions-

werkzeugen im oberen und unteren Rande des Blattes der „hl. Martha" sind frei kopiert nach der Randeinfassung auf dem grossen Holzschnitte der thronenden Madonna des Benedetto Montagna und Jacobus von Strassburg, von der früher die Rede war.

Das Berliner Kupferstichkabinet bewahrt einige für die Kenntnis dieser Gruppe besonders wichtige Holzschnitte der älteren Mailändischen Schule. Der eine dieser Schnitte, ein Grossfolio-Blatt, zeigt die beinahe lebensgrosse Halbfigur des kreuztragenden Heilands, mit gesenktem Haupte und schmerzlichem Ausdruck, nach links gewendet. Mit wenigen Mitteln und den einfachsten Zügen, mit strengen, scharfen Linien ist die Gestalt gezeichnet. Es sind beinahe lediglich Umrisse mit sehr geringer Andeutung der Innenformen, nur die Haarpartien am Kopfe und das Holz des Kreuzes sind mehr im Einzelnen ausgeführt und bilden einen wirksamen Gegensatz zum Uebrigen. Der reine, überscharfe, wie in Metall geschnittene Kontur des Gesichtes und der Hände, sowie der Typus des Kopfes erinnern an die Eigentümlichkeiten Andrea Solario's. Wäre genauer bekannt, wie das Verhältnis zwischen Malern und Holzschneidern in jenen Zeiten beschaffen war, und welche Art der Arbeitsteilung zwischen beiden herrschte, so würden sich Werke des Holzschnittes, wie das oben erwähnte, leichter klassifizieren lassen. So bleibt es in diesem wie in anderen Fällen unentscheidbar, ob wir es mit einem Holzschnitt des Meisters selbst, also hier etwa Solario, zu thun haben, d. h. mit einem Holzschnitt, bei dem der Künstler die Vorzeichnung auf die Platte, oder überhaupt die Zeichnung für den Schnitt verfertigte, oder ob der Holzschneider nur eine ursprünglich nicht für den Holzschnitt gemachte Komposition xylographisch wiedergab.

Ein Seitenstück zu dem soeben erwähnten Holzschnitt bildet ein „Ecce Homo" in Halbfigur. Ein Exemplar davon in spätem Abdruck von der schon vielfach beschädigten Platte befindet sich in der Berliner Sammlung. Das Blatt hat ungefähr die gleiche Grösse wie der „Kreuztragende Heiland" und zeigt die Gestalt Christi ganz von vorn, mit schmerzlich verzogenem Mund, der die Zähne erblicken lässt, in den gefesselten Händen den Rohrstab. Sonne und Mond erscheinen oberhalb des Hauptes. Nach der Art der Zeichnung und Auffassung sowie vermöge der xylographischen Behandlung gehört das Blatt unfraglich demselben Zeichner und derselben Werkstätte an wie der „Kreuztragende Heiland".

Unter den Holzschnitten Mailändischer Kunstrichtung des XV. Jahrhunderts ist ein Bildnis eines bartlosen Mannes in der Berliner Sammlung ganz besonders bemerkenswert, welches durch die Güte des Herrn A. von Beckerath vor Kurzem dahin gelangte. Der feine Kopf, mit runden vollen Formen ist ganz im Profil nach Links gewendet, unter der das Haupt eng umschliessenden Mütze quellen lange Haare hervor. Die Zeichnung des Konturs ist im schwarzen Grund weiss ausgespart. Auf den ersten Anblick gleicht das Blatt, dessen originalgrosse Nachbildung in Lichtdruck wir beistehend geben, durchaus einer lavierten Tuschzeichnung. Die Haare selbst sowie die Modellierung der Innenformen des Kopfes sind auf das Papier in leichter Schwärze zart aufgetragen und vervollständigen die Täuschung einer Zeichnung aus freier Hand. Sorgfältige Untersuchung unter starker Vergrösserung bewies indessen, dass auch in dieser Partie wie im Uebrigen das Pigment nur mit der Presse aufgetragene gewöhnliche Druckerschwärze ist. Die Umrisslinie des Kopfes mit den weichen, schwellenden, lebensvollen Zügen ist mit unvergleichlicher Freiheit und Feinheit in die Holzplatte eingeschnitten. Mit

14

Der kreuztragende Heiland.
Mailändische Schule, XV. Jahrhundert.
Original im Königlichen Kupferstichkabinett zu Berlin.

Ecce Homo.
Mailändische Schule, XV. Jahrhundert.
Original im Königlichen Kupferstichkabinet zu Berlin.

nicht geringerer Kunst ist der Druck rein und scharf hergestellt. Die grauen Töne der Innenformen sind von derselben Platte wie der schwarze Grund gedruckt, nicht etwa in der Weise der Clair-obscure mit einer zweiten Platte. Den Effekt des leichten, wie getuschten Farbenauftrages hat der Künstler durch eigentümliches Behandeln der Holzplatte, wahrscheinlich durch Schaben der Oberfläche und durch Niedrigerliegen der Druckfläche erreicht. Das Ganze hat den Charakter eines Experimentes, mit dem versucht werden sollte, ob die Wirkung einer Pinselzeichnung sich mit der Holzplatte wiedergeben liesse, und der Versuch ist erstaunlich und unnachahmbar gelungen. Unsere Reproduktion lässt die technischen Eigenschaften des Holzschnittes mehr vermuten als erkennen, zumal in der photographischen Aufnahme die Flecken des Papiers stärker hervortreten als dies in der Wirklichkeit der Fall ist, und sich beim Lichtdrucke mit der Zeichnung in störender Weise vermischen. Keine Bezeichnung oder Monogramm deutet auf den Urheber des seltsamen und in seiner Art einzigen Werkes. Der meisterhaft präzise Riss des Konturs, der sanfte Ausdruck der Physiognomie erinnern wiederum an Andrea Solario. Die Möglichkeit, dass wir es hier mit einem künstlerischen Versuch dieses Meisters zu thun haben, liegt um so näher, als die schon erwähnten zwei Holzschnitte der Mailändischen Schule ebenfalls auf Solario hinführen.

Eine Stecher- und Holzschneiderbottega, ähnlich der des Zoan Andrea Vavassore, bezeichnet ihre Blätter mit I. B. und einem Vogel, und dürfte um die Wende des Jahrhunderts thätig gewesen sein.

Zani deutet dieses bekannte, auf einer Reihe von Kupferstichen und Holzschnitten vorkommende Monogramm auf Giovanni Battista del Porto, einem angeblich Modenesischen Kupferstecher.[1] Den Beweis für diese Auslegung des Zeichens versprach er im dritten Teil seines grossen Werkes zu geben, aber dieser dritte Teil kam nicht zu Stande, und wir kennen weder das Material, auf welches Zani seine Angabe zu stützen gedachte, noch sonst Gründe, welche die von ihm gegebene Lesung rechtfertigen. Indessen lautet die erwähnte Stelle bei Zani keineswegs zuversichtlich, so dass es sich wohl nur um einen Wahrscheinlichkeitsbeweis gehandelt haben dürfte. Von Giovanni Battista del Porto spricht Vendrinni[2] als von einem „weltberühmten Kupferstecher, der seinen Ruhm durch eine grosse Menge von Werken auf die Nachwelt gebracht hat" und schliesst: „tuno si cava dal Lancilotto nelle sue Croniche". In der Chronik des Tommasino Lancilotto findet sich aber nur eine dürftige Andeutung über die Familie Porti, von der drei Mitglieder als ausgezeichnete Goldschmiede aufgeführt werden, ohne dass des Giovanni Battista Erwähnung geschieht. Die Ausdeutung des Monogrammes bleibt demnach ganz unsicher.

Wie es aber auch um seinen Namen und seine Heimat stehen mag, aus seinen Werken lässt sich immerhin abnehmen, welcher Art der Künstler mit dem Monogramm I. B. war. Die vierzehn Kupferstiche, die wir von ihm kennen,[3] sind sehr ungleich in der Ausführung. Im allgemeinen handhabt der Künstler den Stich mit ziemlicher Fertigkeit, er hält sich mehr an die deutsche als an die italienische

---

[1] Materiali etc. S. 134.
[2] Raccolta de Pittori Modenesi etc. S. 45. Vergl. Galichon in der Gaz. d. B.-Arts IV S. 265, wo ein Katalog der Stiche und Holzschnitte des Künstlers gegeben ist.
[3] Bartsch XIII S. 224 ff. Pass. V S. 149.

Der hl. Hieronymus.
Holzschnitt vom sogenannten Meister Giovanni Battista del Porto
(Ein Teil der linken Seite des Blattes)

Stechweise und hat sich offenbar wesentlich an den frühen Dürer'schen Blättern geschult. Seine Arbeiten besitzen keine feineren Qualitäten, die Kompositionen machen stets den Eindruck, als beruhen sie in der Hauptsache auf Entlehnungen. Mythologische und antike Motive sind vorwiegend die Gegenstände seiner Darstellungen, häufig erscheint als Hintergrund eine Landschaft im Dürer'schen Geschmack mit Einzelheiten, die aus Dürer'schen Stichen entnommen sind. Ein Blatt, welches ein 1503 in Rom geborenes, zusammengewachsenes Zwillingspaar darstellt, fixiert ungefähr die Zeit der Thätigkeit des Monogrammisten I. B.

Die acht Holzschnitte, welche dasselbe Zeichen, I. B. mit dem Vogel, tragen, bieten ein ähnliches Gesamtbild wie die Stiche. Den von Galichon und Passavant beschriebenen Holzschnitten lässt sich noch ein Klein-Hochfolio-Blatt des Berliner Kabinets anreihen. Es stellt Apollo und Daphne dar, und obwohl es kein Zeichen trägt, dürfte es doch wegen seiner Uebereinstimmung mit einigen der Blätter des Meisters I. B. — namentlich ist es „Mars, Venus und Vulkan" (Gal. 6) nahe verwandt — seinem Werke zugeteilt werden.

Die Holzschnitte sind untereinander noch ungleichmässiger als die Stiche. Es herrschen unter ihnen weitgehende Verschiedenheiten im Stil der Zeichnung sowohl als in der xylographischen Behandlung.

Eine Gruppe dieser Blätter zeigt die sorgfältige, feine Behandlungsart der letzten Epoche des Quattrocento, mit scharf accentuierter Zeichnung und einfachen gradlinig laufenden Strichlagen.

Der vorzüglichste unter diesen ist der hl. Hieronymus in der Landschaft (Gal. 3). Durch die übermässige Magerkeit des Heiligen und den Reichtum der Umgebung erinnert das Blatt einigermassen an den denselben Gegenstand darstellenden Kupferstich des Bartolomeo Montagna. Das zweite Zeichen, welches neben der Marke I. B. steht und wohl eine Kombination von A und M sein dürfte, findet sich ausserdem nur noch einmal im Werke des I. B., nämlich auf den Drei Grazien (Gal. 6).

Die Gestalt des jugendlichen David (Gal. 1) ist herb und anmutig, von Florentinischer Eleganz der Pose. Dabei ist die ganze Komposition ein Gemisch von Veronesischen und anderen, ihrer Herkunft nach schwer bestimmbaren künstlerischen Elementen. Die xylographische Ausführung ist hier breiter als im Hieronymus, aber noch immer kräftig und bestimmt. Aehnliche Eigenschaften zeichnen auch die „Drei Grazien" (Gal. 6) aus.

Von „Meleager und Atalante" (Gal. 7) möchte man vermuten, dass dem Blatt eine Komposition von einem Künstler der Richtung des Sodoma zu Grunde liegt. Es ist das grösste Blatt des Del Porto, breit, derb, aber wirkungsvoll auf die Plane entworfen. Aehnlich ist die „Verwandlung des Aktaeon" (Gal. 4). Die figurenreiche Kreuzigung Christi (Gal. 2) zeigt wiederum einen von allen vorigen ganz verschiedenen Charakter. Sie setzt sich aus Venetianischen und Mantegnesken Motiven zusammen, und ist in vorwiegend konturierender Manier ausgeführt. Endlich zeigt Venus, Vulkan und Mars (Gal. 8) schwächliche, spätflorentinische Zeichnung und unbestimmten handwerksmässigen Schnitt.

Die technischen und stilistischen Verschiedenheiten der Holzschnitte des sogenannten Battista del Porto sind so bedeutend, dass man diese Blätter kaum alle als von derselben Hand herstammend, als Werke Eines Künstlers betrachten kann. Ein solcher müsste eine für jene Zeit beispiellose Fähigkeit besessen haben, seine Manier zu wechseln und bald in der bald in jener Weise zu arbeiten. Wir vermuten vielmehr, dass das Monogramm I. B. mit dem Vogel eine Xylographen- und Stecherbottega bezeichnet, welche sich immerhin in Modena befunden und deren Meister Giovanni Battista del Porto geheissen haben mag. Auf solche Weise lässt sich, wie uns dünkt, diese und manche ähnliche Erscheinung im altitalienischen Kupferstich und Holzschnitt erklären.

VERZEICHNISS

DER IM TEXT ERWÄHNTEN NAMEN UND BÜCHER

	Seite
Aesop des Accio Zucchi de Summa Campani.	
Verona 1479	30
Dass. Venedig 1491	60
Dass. Florenz 1496	17
Dass. Mailand 1498	89
Aesop des Franciscus de Tuppo. Neapel 1485	10
Dass. Aquila 1493	14
Aldus Manutius	50. 76
Alemanus, Sixtus und Gregorius	7
Alfraganus, Astronomia. Ferrara 1493 . . .	93
Alvise, Giovanni	58
Andrea, Zoan, Valvassori detto Guadagnino	63
Andrea, Zoan, Ansicht der Stadt Venedig 1500. Holzschnitt im Berliner Kupferstichkabinet	66
Andrea, Zoan, Passion Christi, Holzschnitt im Berliner Kupferstichkabinet	66
Arienti, Sabadino degli, Settanta Novelle. Venedig 1503	56
Arte del ben morire, della, des Domenico de Capranica 1490	75
Aureum Opus de Veritate Contricionis des Giovanni Ludovico Vivaldo. Saluzzo 1503	89
Barbari, Jacopo de'	48. 79 ff.
Barberiis, Philippus de, Opuscula. Rom 1481	8
Bellini, Gentile	63
Benali, Bernardino	51
Bergomensis, Philippus Foresti, De plurimis claris selectisque Mulieribus. Ferrara 1497	33
Bergomensis, Philippus Foresti, Supplementum Chronicarum. Venedig 1486 etc. . . .	61. 63
Beri'aghieri, Sette giornate della Geographia. Il 1508	50
Brevilken, Johannes	8
Bernal, Antonio, da Siena, Monte Santo di Dio. Florenz 1477	18. 23
Boccaccio, Cento Novelle. Venedig 1492 . .	55
Boninis, Boninus de	33
Bonsignore, Johannes de, Ovid. Venedig 1497	69
Breydenbach, Reise nach Jerusalem, Mainz 1486	21
Brugnoli, B. Tullii de Officiis, Amicitia, Senectute, Paradoxa eiusdem. Venedig 1506	79
Buchling, Arnold	13
Bonaccorsi, Francesco	14
Calando, Philippe, de Arithmetica Opusculum	17
Capranica, Domenico de, Della Arte del ben morire 1490	75
Carpi, Ugo da	45
Carulus, Domenico, Specchio di Croce, Florenz 1490	14
Casalini, Bernardo	10
Cento Novelle des Boccaccio. Venedig 1492	55
Cesariano, Cesare, Vitruv. Como 1521 . .	93
Casaola, Jacobus de, Libro di Giuocho di Scacchi. Florenz 1493	10

	Seite
Chiromantia, Rom 1482	7
Cicero ad familiares. Venedig 1469 . . .	50
Colonna, Francesco, Hypnerotomachia Poliphili. Venedig 1499	76
Contemplationes des Terremoram. Foligno 1479	13
Dante, Comedia Florenz, Nicolaus Lorenz, 1481	11. 13
Dass. Brescia 1487	33
Dass. Venedig 1491	51
Decke di Tito Livio volgare historiato. Venedig 1493	56
Decretales Innocenz IV. Venedig 1481 . .	42
Devote Meditazione sopra la Passione del N. S. Venedig 1487	50
Diaz, Francesco	14
Doctrina della Vita Monastica des Beato Laurenzo Justiniano. Venedig 1494	63
Epistole et Evangelii. Florenz 1495 . . .	42
Fasciculus de Medicina des Johannes Ketham. Venedig 1493	60
Fasciculus Temporum. Venedig 1480 . . .	60
Ficetinus, Nicolaus, De structura compositionis... ad componendas epistolas. Forli 1493	50
Ferraro, Joh. Petro de Vigievano, Specchio di Anima. Mailand 1498	87
Florens, Ansicht von, Holzschnitt um 1490	18
Foresti, Philippus, Bergomensis, Supplementum Chronicorum. Venedig 1486 etc. . .	61. 63
Fortilio, Johannes und Gregorius	60
Franchollo, Johannes, de	18
Frezzi, Federigo, Quadriregio, Florenz 1508	31
Galeri, Friardini, Practica Musica. Mailand 1496	86
Galla, Andrea	93
Gregoriis, Gregorius de	53. 60
Gregoriis, Johannes de	60
Giaha, Ulrich	6
Hamman, Johann	49
Herbarium Apulei Platonici	8
Herolds, libri novem. Venedig 1494 . . .	61
Hieronymus, Opera. Venedig 1498	63
Hieronymus, Briefe des h. Ferrara 1497 .	94
Hygina, Poeticon Astronomicum. Venedig 1482	
Hypnerotomachia Poliphili. Venedig 1499	76
Jacob von Strassburg	48. 79
Jenson, Nicolaus	3. 6. 33
Imperio, Militantis Ecclesie de, des Isidorus de Isolanis. Mailand 1517	38
Johannes ca Verona	76. 78
Johannes, Magister	33
Isolanis, Isidorus de, De Imperio Militantis Ecclesie. Mailand 1517	38
Istoria Romana, Holzschnitt des Jacob von Strassburg	34
Justiniano, Beato Laurenzo, Doctrina della Vita Monastica. Venedig 1494	63

VERZEICHNISS

	Seite		Seite
Kalender des Johannes von Königsberg (Regiomontanus). Venedig 1476	48	Parma, Matteo da	34
Kampf nackter Männer, Holzschnitt des Johannes de Francfordia	22	Paulis, Matteo de	36, 38
		Petrarca Trionfi. Venedig 1488	40
Ketham, Johannes, Fasciculus de Medicina. Venedig 1491	60	Petri, Johannes, von Mainz	16
		Piala, Bartolomeo de, Opus de confirmatione vite b. Francisci. Mailand 1513	90
Kolb, Anton	82	Pleuch, Stephan	7
Lactanz. Subiaco 1465	3, 5	Platonicus, Apuleius, Herbarium	8
Landi des Jacopone da Todi. Florenz 1490	74	Plutarch. Venedig 1491	57
Lavagna, Filippo di	6	Poliphilo, Hypnerotomachia. Venedig 1499	7, 6
Legendario di Santi padri historiado volgar. Mailand 1517	95	Portese, Zani da	36
		Porto, Giovanni Battista del	
Libro di Giuocho di Scacchi des Jacobus de Cessulis. Florenz 1493	98	Practica Musica des Franchini Gafuri. Mailand 1496	66
Ligasimo, Johannes Philippus de	7	Predice del arte del ben morire des Savonarola. Florenz 1496	81
Livio, Tito, Dicche di, Volgare historiate, Venedig 1363	56	Priscorum Heroum Siemmata des Thomas Ochsenbrunner. Rom 1494	1
Lorenz, Nicolaus	10	Ptolomäus, Rom 1477	6
Luca, Simon de	7	Pulci, Ludovico, Morgante Maggiore. Florenz 1500	70
Madonna mit dem Carlskind und dem kleinen heiligen Johannes. Holzschnitt um 1500 in der Hamburger Kunsthalle	12	Quadriregio des Federigo Frezzi. Florenz 1508	71
		Radelt, Erhard	4
		Ragazzo, Giovanni de Monteferrato	56, 57
Madonna mit den HH. Rochus und Sebastian. Holzschnitt des Jacob von Strassburg	71	Representationi	74
Malermi, Nicolaus de, Bibel	59	Regiomontanus, Johannes, Kalender. Venedig 1476	48
Manutius, Aldus	30	Repetitio etc. des Johannes Crispus de Monribus. Venedig 1490	40
Matteo di Capo di Casa	35	Rewich, Erhard, von Utrecht	20
Mayr, Sigismund		Riessinger, Sixtus	9
Medoroso, Hieronimo	39	Rosso, Giovanni	63
Meditationes 1478, 1479, 1490, 1498	6	Rossi, Lorenzo de	94
Meister mit dem Zeichen b	34, 36, 79, 83, 84	Rubeis, Laurentius de	92
Meister mit dem Zeichen bMo	72	Sabionetta, Gerhardus a, Compilatio Astronomica Mahometi Alfragani. Ferrara 1493	93
Meister mit dem Zeichen F	71	Soferatino, Mauritio, Novellino. Venedig 1491	55
Meister mit dem Zeichen la	80	Savonarola, Predice del arte del ben morire. Florenz 1496	81
Meister J. B. mit dem Vogel	102	Se onarola, Tractato dell Umilia. Florenz 1493	87
Mirabilia Romae		Scinzenzeler, Ulrich	96
Miscomini, Antonio	67	Seligenstadt, Johann von	40
Missale Romanum. Venedig 1499	25	Settanta Novelle des Sabadino degli Arienti. Venedig 1507	36
Montagna, Benedetto	54, 82	Sette giornate della Geographia des Berlinghieri. Florenz 1480	62
Monteferrato, Giovanni Ragazzo de	57		
Monteferrato, Manfred von	60	Signerre, Gillermus Ruthomagensis	96, 83
Monte Santo di Dio des Antonio Bettini. Florenz 1477	10	Silber, Eucharius	7
Dass. Florenz 1491	15	Specchio di Anima des Joh. Petro Ferrero de Vigievano. Mailand 1498	97
Moribus, Johannes Crispus de, Repetitio etc. Venedig 1490	40	Specchio di Croce des Domenico Cavalca. Florenz 1490	8
Morgante Maggiore des Lodovico Pulci. Florenz 1500	70	Stella, Eusebius de	10
Morginal, Lorenzo	16	Strassburg, Jacob von	68
Mulieribus, de pluribus claris selectisque, des Philippus Bergomensis Ferrara 1497	92	Soardi, Lazarus de	55
Nicolo Tedesco oder til Lorenzo dellamagna	10	Sommario di pacifica Conscientia des Fra Pacifico di Novara. Mailand 1479	63
Novara, Fra Pacifico di, Sommario di pacifica Conscientia. Mailand 1479	63	Supplementum Chronicarum des Philippus Foresti Bergomensis. Venedig 1483	46
Novelli, Bernardino de		Dass. Venedig 1485	61
Novelle pistoresche chiamate la Viola. Florenz um 1490	69	Dass. Brescia 1485	61
Novellino des Massuccio Salernitano. Venedig 1492	55	Dass. Venedig 1490	46
Numeister, Johannes		Sweynheim, Konrad	3, 5, 13
Ochsenbrunner, Thomas, Priscorum Heroum Stemmata. Rom 1494	1	Tacuino, Johannes, de Tridino	72
Otmar, Mattias von	31	Dass. Lyon 1493	36
Opera nuova contemplativa. Venedig 1516	6	Dass. Venedig 1492	36
Opuscula des Philippus de Barberiis. Rom 1481	5	Dass. Strassburg 1498	36
Opus de confirmatione vite b. Francisci cun Bartolomeo de Piala. Mailand 1513	90	Tesauro Spirituale. Mailand 1499	87
Opus regale des Giovanni Ludovico Vivaldo. Saluzzo 1507	50	Theodoro, Giovanni, de Maganza	18
Ovid des Johannes de Bonsigrore. Venedig 1497	61	Todi, Jacopone da, Laudi. Florenz 1490	74
Paganini	5, 6	Tractato dell Umilia des Savonarola. Florenz 1493	87

DER IM TEXT ERWÄHNTEN NAMEN UND BÜCHER

	Seite
Triumph des Caesar. Holzschnitt des Jacob von Strassburg. Venedig 1504.	
Toppo, Fredericus de, Aesop Neapel 1485	12
Dass. Aquila 1493	11
Turrecremata, Contemplationes. Foligno 1479	13
Turrecremata, Meditationes Rom 1467	6
Valdarfer, Christof	30
Valturio, Roberto, De Re Militari. Verona 1472	35
Valvassori, Zoan Andrea, detto Guadagnino	63
Venedig, Ansicht von, Holzschnitt von Jacopo de' Barbari	
Dass. 1511, Holzschnitt von Zoan Andrea	66

	Seite
Vercelli, Giovanni von (Zoan Vercellese)	56
Veronica, Virgini Inexplicabilis Mysterii gesta b. Veronicae Virginis etc. Mailand 1518	91
Vitruv des Cesare Cesariano. Como 1521	93
Vivaldus, Joh. Lud., Aureum Opus de Veritate Contricionis. Saluzzo 1503	85
Vivaldus, Joh. Lud., Opus regale. Saluzzo 1507	70
Welch, Jacob	48, 68, 70, 81 ff.
Wendelin von Speier	32
Zoppino, Acino, de Sonnini Campaxza, Aesop. Verona 1479 etc.	27, 32, 62, 85

VERZEICHNISS DER ABBILDUNGEN